C. Suetonius Tanquillus

Augustus

Lateinisch / Deutsch

Übersetzt und herausgegeben
von Dietmar Schmitz

Reclam

RECLAMS UNIVERSAL-BIBLIOTHEK Nr. 6693
Alle Rechte vorbehalten
© 1988 Philipp Reclam jun. GmbH & Co. KG, Stuttgart
Durchgesehene Ausgabe 2010
Gesamtherstellung: Reclam, Ditzingen. Printed in Germany 2014
RECLAM, UNIVERSAL-BIBLIOTHEK und
RECLAMS UNIVERSAL-BIBLIOTHEK sind eingetragene Marken
der Philipp Reclam jun. GmbH & Co. KG, Stuttgart
ISBN 978-3-15-006693-5

www.reclam.de

C. Suetoni Tranquilli
De Vita Caesarum
Liber II

Divus Augustus

Die Kaiserviten des
C. Suetonius Tranquillus
2. Buch

Augustus

1 Gentem Octaviam Velitris praecipuam olim fuisse multa declarant. nam et vicus celeberrima parte oppidi iam pridem Octavius vocabatur et ostendebatur ara Octavio consecrata, qui bello dux finitimo, cum forte Marti rem divinam faceret, nuntiata repente hostis incursione semicruda exta rapta foco prosecuit atque ita proelium ingressus victor redit. decretum etiam publicum extabat, quo cavebatur, ut in posterum quoque simili modo exta Marti redderentur reliquiaeque ad Octavios referrentur. **2** (1) ea gens a Tarquinio Prisco rege inter minores gentis adlecta in senatum, mox a Serv[il]io Tullio in patricias traducta, procedente tempore ad plebem se contulit ac rursus magno intervallo per Divum Iulium in patriciatum redit. primus ex hac magistratum populi suffragio cepit C. Rufus. (2) is quaestorius Cn. et C. procreavit, a quibus duplex Octaviorum familia defluxit condicione diversa, siquidem Gnaeus et deinceps ab eo reliqui omnes functi sunt honoribus summis; at C. eiusque posteri, seu fortuna seu voluntate, in equestri ordine constiterunt usque ad Augusti patrem. proavus Augusti secundo Punico bello stipendia in Sicilia tribunus militum fecit Aemilio Papo

1 Vieles weist deutlich darauf hin, daß die Familie der Octavii[1] einst die vornehmste in Velitrae[2] gewesen ist. Denn im belebtesten Teil der Stadt hieß ein Viertel schon seit langer Zeit Octavius, und es wurde ein Altar gezeigt, der einem Octavius geweiht war; dieser hatte in einem Grenzkrieg, da er gerade dem Mars ein Opfer darbrachte, als Feldherr Meldung vom plötzlichen Angriff der Feinde erhalten. Daraufhin riß er die halbrohen Eingeweide des Opfertieres aus dem Feuer, zerschnitt sie, und nachdem er so in den Kampf geschritten war, kehrte er als Sieger zurück. Es war sogar ein öffentlicher Beschluß vorhanden, der sicherstellte, daß auch in Zukunft dem Mars die Eingeweide in ähnlicher Weise dargebracht und die Reste an die Octavii abgeliefert werden sollten. **2** (1) Diese Familie gehörte zu den Geschlechtern[3] zweiter Klasse; nachdem sie von dem König Tarquinius Priscus[4] in den Senat hinzugewählt, später von Servius Tullius[5] unter die Patrizier aufgenommen worden war, wechselte sie im Laufe der Zeit auf die Seite der Plebejer und kehrte erst nach langer Zeit wieder in den Patrizierstand zurück, und zwar während der Herrschaft des göttlichen Iulius. Als erster erhielt aus dieser Familie ein Amt durch Volkswahl C. Rufus[6]. (2) Dieser nahm den Rang eines Quästors ein und hatte zwei Söhne, nämlich Gnaeus und Gaius, von denen sich die zweifache Linie der Familie der Octavii herleitete; beide Söhne hatten ein unterschiedliches Los, sofern Gnaeus und alle, die später von ihm abstammten, die höchsten Ehrenämter bekleideten, während hingegen Gaius und seine Nachkommen, sei es schicksalhaft oder auf eigenen Wunsch, bis zum Vater des Augustus im Ritterstand blieben. Der Urgroßvater von Augustus diente als Militärtribun im Zweiten Punischen Krieg in Sizilien unter dem Oberbefehl des Aemilius Papus[7]. Sein Großvater, zufrieden mit den Aufgaben eines kleinstädti-

imperatore. avus municipalibus magisteriis contentus abundante patrimonio tranquillissime senuit. (3) sed haec alii; ipse Augustus nihil amplius quam equestri familia ortum se scribit vetere ac locuplete, et in qua primus senator pater suus fuerit. M. Antonius libertinum ei proavum exprobrat, restionem e pago Thurino, avum argentarium. nec quicquam ultra de paternis Augusti maioribus repperi.

3 (1) C. Octavius pater a principio aetatis et re et existimatione magna fuit, ut equidem mirer hunc quoque a nonnullis argentarium atque etiam inter divisores operasque campestres proditum; amplis enim innutritus opibus honores et adeptus est facile et egregie administravit. ex praetura Macedoniam sortitus fugitivos, residuam Spartaci et Catilinae manum, Thurin[g]um agrum tenentis in itinere delevit, negotio sibi in senatu extra ordinem dato. (2) provinciae praefuit non minore iustitia quam fortitudine; namque Bessis ac Thracibus magno proelio fusis ita socios tractavit, ut epistulae M. Ciceronis extent, quibus Quintum fratrem eodem tempore parum secunda fama proconsulatum Asiae administrantem hortatur et monet, imitetur in promerendis sociis vicinum suum Octavium. **4** (1) decedens Macedonia, prius quam profiteri se candidatum consulatus posset, mortem obiit repentinam, superstitibus liberis Octavia maiore, quam ex Ancharia, et Octavia minore item Augusto, quos ex

schen Wegaufsehers, erreichte auf sehr ruhige Art und Weise
ein hohes Alter, wobei ihm ein reiches Erbe zur Verfügung
stand. (3) Aber diese Informationen haben andere überliefert; Augustus selbst schreibt nichts weiter, als daß er von
einer alten und reichen Familie des Ritterstandes abstamme,
in der sein Vater der erste Senator gewesen sei. M. Antonius
macht ihm zum Vorwurf, daß sein Urgroßvater Freigelassener sei, ein Seiler aus dem Polisgebiet von Thurii[8], sein
Großvater Geldwechsler. Darüber hinaus habe ich über die
väterlichen Vorfahren des Augustus nichts in Erfahrung
gebracht.

3 (1) C. Octavius[9], der Vater von Augustus, zeichnete sich
von früher Jugend an sowohl durch umfangreichen Besitz
aus als auch durch großes Ansehen, so daß ich mich freilich
wundere, daß einige behaupteten, er sei Geldwechsler gewesen und hätte sich sogar unter den Wahlgeldausteilern und
Beifallklatschern auf dem Marsfeld[10] befunden; denn in
ansehnlichem Reichtum aufgewachsen, hat er mühelos
Staatsämter erreicht und vortrefflich verwaltet: Nach seiner
Prätur erloste er die Provinz Makedonien und vernichtete
auf seinem Weg dorthin Flüchtlinge, die übrig gebliebene
Schar des Spartacus[11] und Catilina[12], die die Mark von
Thurii besetzt hielt; diese Aufgabe war ihm im Senat aufgrund eines besonderen Beschlusses übertragen worden.
(2) Die Provinz leitete er gleichermaßen mit Gerechtigkeit
und Tapferkeit; denn nachdem er die Besser[13] und Thraker
in einer großen Schlacht geschlagen hatte, behandelte er die
Bundesgenossen derart, daß Cicero in noch vorhandenen
Briefen seinen Bruder Quintus[14], der zur selben Zeit als
Prokonsul Asien verwaltete und sich dabei keiner günstigen
Beurteilung erfreuen durfte, eindringlich ermahnte, seinen
Nachbarn Octavius im Umgang mit Bundesgenossen nachzuahmen.[15] 4 (1) Bei seiner Abreise von Makedonien, noch
bevor er sich um das Konsulat bewerben konnte, verstarb er
plötzlich,[16] wobei er aus der Ehe mit Ancharia die ältere
Octavia[17] hinterließ; die jüngere Octavia sowie Augustus

Atia tulerat. Atia M. Atio Balbo et Iulia, sorore C. Caesaris, genita est. Balbus, paterna stirpe Aricinus, multis in familia senatoriis imaginibus, a matre Magnum Pompeium artissimo contingebat gradu functusque honore praeturae inter vigintiuiros agrum Campanum plebi Iulia lege divisit. (2) verum idem Antonius, despiciens etiam maternam Augusti originem, proavum eius Afri generis fuisse et modo unguentariam tabernam modo pistrinum Ariciae exercuisse obicit. Cassius quidem Parmensis quadam epistula non tantum ut pistoris, sed etiam ut nummulari nepotem sic taxat Augustum: ›materna tibi farina est ex crudissimo Ariciae pistrino: hanc finxit manibus collybo decoloratis Nerulonensis mensarius.‹

5 Natus est Augustus M. Tullio Cicerone C. Antonio conss. VIIII. Kal. Octob. paulo ante solis exortum, regione Palati ad Capita bubula, ubi nunc sacrarium habet, aliquanto post quam excessit constitutum. nam ut senatus actis continetur, cum C. Laetorius, adulescens patricii generis, in deprecanda graviore adulterii poena praeter aetatem atque natales hoc quoque patribus conscriptis allegaret, esse possessorem ac velut aedituum soli, quod primum Divus Augustus nascens attigisset, peteretque donari quasi proprio suo ac peculiari deo, decretum est ut ea pars domus consecraretur. 6 nutri-

waren Kinder, die er gemeinsam mit Atia[18] hatte. Diese war eine Tochter von M. Atius Balbus und Iulia, der Schwester des C. Caesar. Balbus[19], der väterlicherseits aus Aricia[20] stammte und in dessen Familie zahlreiche Senatoren waren, stand mütterlicherseits in sehr enger Beziehung zu Pompeius dem Großen. Nachdem er die Prätur[21] innegehabt hatte, gehörte er dem Zwanzigmännerkollegium an, das gemäß dem Iulischen Gesetz die Campanische Mark unter das Volk aufteilte. (2) Derselbe Antonius, der auf die mütterliche Herkunft des Augustus mit Verachtung herabsieht, erhebt gegen ihn den Vorwurf, sein Urgroßvater sei von afrikanischer Herkunft gewesen und habe bald einen Salbenladen, bald eine Bäckerei betrieben. Cassius aus Parma[22] freilich behauptet in einem Brief, Augustus sei nicht nur der Enkel eines Bäckers, sondern sogar eines Geldmaklers: »Das Mehl Deiner Mutter kommt aus der rohesten Bäckerei von Aricia: Ein Geldwechsler aus Nerulum[23] hat es berührt mit Händen, die mit dem Schmutz des Geldes geschwärzt wurden.«

5 Geboren wurde Augustus im Konsulatsjahr von M. Tullius Cicero und C. Antonius[24] am 23. September kurz vor Sonnenaufgang in der Gegend des Palatins, die »Bei den Rinderköpfen« heißt; dort befindet sich jetzt ein Heiligtum, das eine Reihe von Jahren nach seinem Hinscheiden errichtet wurde. Denn wie in den Senatsakten festgehalten, hat C. Laetorius, ein junger Mann aus dem Patrizierstand, als er eine schwerere Strafe wegen eines von ihm begangenen Ehebruchs durch flehentliches Bitten abwenden wollte, neben seinem Alter und seiner Abstammung auch dies vor den Senatoren als Milderungsgrund geltend gemacht, daß er Besitzer und gewissermaßen Hüter des Bodens sei, den der göttliche Augustus zuerst nach seiner Geburt berührt habe; und als er darum bat, daß ihm die Strafe erlassen werde aufgrund der ihm gleichsam persönlich und als Eigentum zugehörigen Gottheit, wurde der Beschluß gefaßt, diesen Teil des Hauses zum Heiligtum zu erklären. 6 Noch heute

mentorum eius ostenditur adhuc locus in avito suburbano
iuxta Velitras permodicus et cellae penuariae instar, tenetque
vicinitatem opinio tamquam et natus ibi sit. huc introire nisi
necessario et caste religio est, concepta opinione veteri, quasi
temere adeuntibus horror quidam et metus obiciatur, sed et
mox confirmata. nam cum possessor villae novus seu forte
seu temptandi causa cubitum se eo contulisset, evenit ut post
paucissimas noctis horas exturbatus inde subita vi et incerta
paene semianimis cum strato simul ante fores inveniretur.
7 (1) Infanti cognomen Thurino inditum est, in memoriam
maiorum originis, vel quod regione Thurina recens eo nato
pater Octavius adversus fugitivos rem prospere gesserat.
Thurinum cognominatum satis certa probatione tradiderim
nactus puerilem imagunculam eius aeream veterem ferreis et
paene iam exolescentibus litteris hoc nomine inscriptam,
quae dono a me principi data inter cubicu⟨li⟩ Lares colitur.
sed et a M. Antonio in epistulis per contumeliam saepe
Thurinus appellatur et ipse nihil amplius quam mirari se
rescribit pro obprobrio sibi prius nomen obici. (2) postea
Gai Caesaris et deinde Augusti cognomen assumpsit,
alterum testamento maioris avunculi, alterum Munati Planci
sententia, cum quibusdam censentibus Romulum appellari
oportere quasi et ipsum conditorem urbis, praevaluisset, ut

wird der Ort seiner ersten Jugendjahre im großväterlichen Landgut nahe bei Velitrae gezeigt, ein Raum, der nur so groß wie eine Vorratskammer ist; und die Nachbarschaft vertritt die Meinung, daß Augustus dort auch geboren sei. Der religiöse Brauch schreibt vor, hier nur einzutreten, wenn es unvermeidlich ist und wenn dies in frommer Absicht geschieht; entsprechend einem alten Glauben wird denen, die unbesonnen diesen Ort aufsuchen, Schrecken und Furcht eingejagt; dies bestätigte sich auch bald. Denn als ein neuer Besitzer des Landhauses, sei es zufällig, sei es, um seinen Wagemut zu erproben, sich dorthin zum Schlafen begeben hatte, geschah es, daß er nach sehr wenigen Stunden der Nacht von dort durch eine plötzlich auftretende, unbekannte Macht hinausgeworfen und beinahe halbtot zusammen mit seinem Lager vor der Tür aufgefunden wurde.

7 (1) Als Kind gab man Augustus den Beinamen Thurinus zur Erinnerung an die Herkunft seiner Vorfahren oder weil sein Vater Octavius in der Gegend von Thurii gleich nach der Geburt des Sohnes entlaufene Sklaven mit Erfolg bekämpft hatte. Als sicheren Beweis dafür, daß er den Beinamen Thurinus wirklich erhalten hat, möchte ich anführen, daß ich eine Bronzestatuette erworben habe, die Augustus als Knaben darstellt, auf der eine alte Inschrift aus eisernen, kaum noch leserlichen Buchstaben mit diesem Namen angebracht ist; diese Statuette, die ich dem Kaiser zum Geschenk gemacht habe, wird von ihm unter den Hausgöttern in seinem Schlafgemach verehrt. Augustus aber wird von M. Antonius in seinen Briefen aus Verunglimpfung oft »Thurinus« genannt, und er selbst erwidert nichts weiter, als daß er sich darüber wundere, daß ihm der frühere Name zum Vorwurf gemacht werde. (2) Später nahm er die Beinamen Gaius Caesar und dann Augustus an, den einen entsprechend dem Testament seines älteren Onkels, den anderen aufgrund der Willensbekundung von Munatius Plancus[25]. Obgleich einige Senatoren beantragten, er müsse Romulus genannt werden, gewissermaßen als zweiter Grün-

Augustus potius vocaretur, non tantum novo sed etiam
ampliore cognomine, quod loca quoque religiosa et in quibus augurato quid consecratur augusta dicantur, ab auctu vel
ab avium gestu gustuve, sicut etiam Ennius docet scribens:

›Augusto augurio postquam incluta condita Roma est.‹

8 (1) Quadrimus patrem amisit. duodecimum annum agens
aviam Iuliam defunctam pro contione laudavit. quadriennio
post virili toga sumpta militaribus donis triumpho Caesaris
Africano donatus est, quanquam expers belli propter aetatem. profectum mox avunculum in Hispanias adversus Cn.
Pompei liberos vixdum firmus a gravi valitudine per infestas
hostibus vias paucissimis comitibus naufragio etiam facto
subsecutus, magno opere demeruit, approbata cito etiam
morum indole super itineris industriam.
(2) Caesare post receptas Hispanias expeditionem in Dacos
et inde in Parthos destinante praemissus Apolloniam studiis
vacavit. utque primum occisum eum heredemque se compe-
rit, diu cunctatus an proximas legiones imploraret, id quidem consilium ut praeceps inmaturumque omisit. ceterum

der der Stadt, setzte sich die Ansicht durch, ihn eher Augustus zu nennen, nicht nur wegen des neuen, sondern auch wegen des erlauchteren Beinamens, weil auch Plätze für religiöse Handlungen und solche, auf denen nach Prüfung der Vorzeichen Weihungen vorgenommen wurden, als *augustus*[26] (»geweiht, erhaben«) bezeichnet werden, ein Wort, das sich herleitet von *auctus* (»Gedeihen, Fülle«) oder von *avium gestu gustuve* (»Gebaren oder Fressen der Vögel«), wie auch Ennius[27] lehrt, wenn er schreibt:

> »Nachdem das berühmte Rom aufgrund erhabener
> Vogelschau gegründet war.«

8 (1) Im Alter von vier Jahren[28] verlor Augustus seinen Vater. Mit zwölf Jahren hielt er die öffentliche Leichenrede[29] für seine verstorbene Großmutter Iulia. Vier Jahre später wurde er, nachdem er schon die Männertoga[30] angelegt hatte, nach dem Triumph Caesars in Afrika mit militärischen Auszeichnungen geehrt, obgleich er wegen seines Alters am Krieg nicht teilgenommen hatte. Als sein Onkel bald danach gegen die Söhne des Cn. Pompeius in die beiden spanischen Provinzen aufbrach,[31] folgte er ihm sofort, obwohl kaum von schwerer Krankheit genesen, auf den von Feinden bedrohten Straßen,[32] wobei ihn nur wenige begleiteten und er obendrein noch Schiffbruch erlitten hatte; dadurch machte er sich hochverdient; auch seine charakterlichen Veranlagungen wurden rasch anerkannt, ganz abgesehen von der Energie, die er unterwegs gezeigt hatte.
(2) Nachdem Caesar die beiden spanischen Provinzen eingenommen hatte,[33] beschloß er, einen Feldzug zu den Dakern und von dort zu den Parthern zu unternehmen; Augustus wurde nach Apollonia[34] vorausgeschickt, wo er Zeit für wissenschaftliche Studien hatte. Als er erfahren hatte, daß Caesar ermordet worden war und er zu seinem Erben bestellt sei, war er lange unschlüssig, ob er nicht die Legionen, die ganz in der Nähe stationiert waren, um Hilfe bitten sollte, ließ allerdings diesen Plan als überstürzt und noch

urbe repetita hereditatem adiit, dubitante matre, vitrico vero
Marcio Philippo consulari multum dissuadente. (3) atque ab
eo tempore exercitibus comparatis primum cum M. Antonio
M.que Lepido, deinde tantum cum Antonio per duodecim
fere annos, novissime per quattuor et quadraginta solus rem
p. tenuit.

9 Proposita vitae eius velut summa parte⟨s⟩ singillatim
neque per tempora sed per species exequar, quo distinctius
demonstrari cognoscique possint.

Bella civilia quinque gessit: Mutinense, Philippense, Perusinum, Siculum, Actiacum; e quibus primum ac novissi-
mum adversus M. Antonium, secundum adversus Brutum
et Cassium, tertium adversus L. Antonium triumviri
fratrem, quartum adversus Sextum Pompeium Cn. f(ilium).

10 (1) omnium bellorum initium et causam hinc sumpsit:
nihil convenientius ducens quam necem avunculi vindicare
tuerique acta, confestim ut Apollonia rediit, Brutum Cas-
siumque et vi necopinantis et, quia provisum periculum
subterfugerant, legibus adgredi reosque caedis absentis
deferre statuit. ludos autem victoriae Caesaris non audenti-
bus facere quibus optigerat id munus, ipse edidit. (2) et quo
constantius cetera quoque exequeretur, in locum tr. pl. forte
demortui candidatum se ostendit, quanquam patricius necdum senator. sed adversante conatibus suis M. Antonio
consule, quem vel praecipuum adiutorem speraverat, ac ne

nicht ausgereift fallen. Aber er kehrte nach Rom zurück und
trat die Erbschaft an, obwohl seine Mutter Zweifel äußerte,
sein Stiefvater Marcius Philippus[35], ein Konsular, energisch
abriet. (3) Und von diesem Zeitpunkt an hatte er, nachdem
er Heere aufgestellt hatte, zunächst gemeinsam mit M.
Antonius und M. Lepidus, dann nur mit Antonius, fast
zwölf Jahre lang, zuletzt allein vierundvierzig Jahre die
Macht im Staat inne.

9 Nachdem ich gewissermaßen einen allgemeinen Überblick
über sein Leben gegeben habe, will ich nun die Abschnitte
im einzelnen darstellen, jedoch nicht nach zeitlichen, sondern nach thematischen Gesichtspunkten, damit Darlegung
und Verständnis um so deutlicher werden können.
Augustus hat fünf Bürgerkriege geführt: den von Mutina[36],
Philippi[37], Perusia[38], Sizilien[39] und Aktium[40]; den ersten und
letzten gegen M. Antonius, den zweiten gegen Brutus und
Cassius,[41] den dritten gegen L. Antonius, den Bruder des Triumvirn, den vierten gegen Sextus Pompeius, den Sohn des
Gnaeus. 10 (1) Den Anfang und die Ursache für alle Kriege
leitete er aus folgendem ab: Nichts hielt er für angemessener,
als die Ermordung seines Onkels zu rächen und dessen
Amtshandlungen zu verteidigen. Sobald er unverzüglich von
Apollonia zurückgekehrt war, beschloß er, gegen Brutus und
Cassius, solange sie noch nichts ahnten, mit Gewalt, dann,
weil sie sich heimlich der bevorstehenden Gefahr entzogen
hatten, gesetzlich vorzugehen und sie in ihrer Abwesenheit
wegen Mordes anzuklagen. Er veranstaltete zudem selbst die
Spiele zu Ehren von Caesars Sieg[42], weil diejenigen, denen
diese Aufgabe zugefallen war, nicht den Mut aufbrachten, sie
durchzuführen. (2) Und damit er auch die übrigen Vorhaben
um so konsequenter in die Tat umsetzen konnte, erklärte er
sich zum Bewerber um das Amt eines zufällig verstorbenen
Volkstribunen[43], obwohl er Patrizier und noch nicht Senator
war. Aber seinen Unternehmungen stellte sich der Konsul M.
Antonius entgegen, von dem er sogar einen hervorragenden
Beistand erhofft hatte; und dieser gewährte ihm – ohne das

publicum quidem et translativum ius ulla in re sibi sine
pactione gravissimae mercedis impertiente, ad optimates se
contulit, quibus eum invisum sentiebat, maxime quod D.
Brutum obsessum Mutinae provincia a Caesare data et per
senatum confirmata expellere armis niteretur. (3) hortanti-
bus itaque nonnullis percussores ei subornavit, ac fraude
deprehensa periculum in vicem metuens veteranos simul in
suum ac rei p. auxilium quanta potuit largitione contraxit;
iussusque comparato exercitui pro praetore praeesse et cum
Hirtio ac Pansa, qui consulatum susceperant, D. Bruto
opem ferre, demandatum bellum tertio mense confecit duobus proeliis. (4) priore Antonius fugisse eum scribit ac sine
paludamento equoque post biduum demum apparuisse,
sequenti satis constat non modo ducis, sed etiam militis
functum munere atque in media dimicatione, aquilifero
legionis suae graviter saucio, aquilam umeris subisse diuque
portasse. **11** hoc bello cum Hirtius in acie, Pansa paulo post
ex vulnere perissent, rumor increbuit ambos opera eius
occisos, ut Antonio fugato, re p. consulibus orbata solus
victores exercitus occuparet. Pansae quidem adeo suspecta
mors fuit, ut Glyco medicus custoditus sit, quasi venenum
vulneri indidisset. adicit his Aquilius Niger alterum e con-

Versprechen einer außergewöhnlich hohen Belohnung –
nicht einmal das übliche und überlieferte Recht; deshalb
wandte er sich an die Optimaten, die – wie er merkte –
Antonius haßten, besonders weil er D. Brutus in Mutina[44]
zunächst belagert hatte und dann mit Waffengewalt den
Versuch unternahm, ihn zu vertreiben, obwohl ihm von
Caesar die Provinzverwaltung übertragen und dieser Akt
auch durch den Senat bestätigt worden war. (3) Als daher
einige Senatoren mahnende Worte aussprachen, bestellte
Augustus heimliche Mörder gegen Antonius; nach Auf-
deckung dieses Verbrechens ließ er aus Furcht vor einem
nun gegen ihn gerichteten Anschlag für eine seinen finanziellen Möglichkeiten entsprechend reichlich bemessene Spende
Veteranen zum Schutz für sich und den Staat zusammen-
kommen; er erhielt den Befehl, das bereitgestellte Heer zu
führen, und zusammen mit Hirtius und Pansa[45], die das
Konsulamt übernommen hatten, dem D. Brutus Hilfe zu
bringen; den ihm übertragenen Krieg beendete er im dritten
Monat in zwei Schlachten. (4) In der ersten – so schreibt
Antonius – sei er geflüchtet und schließlich ohne Feldherrn-
mantel und Pferd nach zwei Tagen wieder aufgetaucht; in
der zweiten Schlacht hat er – wie hinlänglich bekannt ist –
nicht nur die Aufgabe eines Führers, sondern auch eines
Soldaten erfüllt, und er soll mitten im Kampf, als der
Adlerträger seiner Legion schwer verwundet war, den Adler
auf seine Schultern genommen und lange getragen haben.
11 Als in diesem Krieg Hirtius bei einer Schlacht, Pansa kurz
darauf infolge einer Verwundung umgekommen waren, ver-
breitete sich das Gerücht, beide seien unter seiner Mitwir-
kung ermordet worden, damit er, Augustus, nachdem
Antonius in die Flucht geschlagen und der Staat seiner
Konsuln beraubt worden war, allein die siegreichen Heere
übernehmen könne. Der Tod des Pansa erregte in der Tat so
sehr Verdacht, daß der Arzt Glyco in Gewahrsam genommen wurde, weil er angeblich Gift in die Wunde gegeben
hätte. Diesen Gerüchten fügt Aquilius Niger[46] noch hinzu,

sulibus Hirtium in pugnae tumultu ab ipso interemptum.
12 sed ut cognovit Antonium post fugam a M. Lepido re-
ceptum ceterosque duces et exercitus consentire pro partibus, causam optimatium sine cunctatione deseruit, ad prae-
textum mutatae voluntatis dicta factaque quorundam calum-
niatus, quasi alii se puerum, alii ornandum tollendumque
iactassent, ne aut sibi aut veteranis par gratia referretur. et
quo magis paenitentiam prioris sectae approbaret, Nursinos
grandi pecunia et quam pendere nequirent multatos extorres
oppido egit, quod Mutinensi acie interemptorum civium
tumulo publice extructo ascripserant ›pro libertate eos occu-
buisse‹.
13 (1) Inita cum Antonio et Lepido societate Philippense
quoque bellum, quamquam invalidus atque aeger, duplici
proelio transegit, quorum priore castris exutus vix ad Antoni
cornu fuga evaserat. nec successum victoriae moderatus est,
sed capite Bruti Romam misso, ut statuae Caesaris subiceretur, in splendidissimum quemque captivum non sine verborum contumelia saeviit; (2) ut quidem uni suppliciter
sepulturam precanti respondisse dicitur iam istam volucrum
fore potestatem; alios, patrem et filium, pro vita rogantis
sortiri vel micare iussisse, ut alterutri concederetur, ac spec-
tasse utrumque morientem, cum patre, quia se optulerat,

daß der andere Konsul, nämlich Hirtius, im allgemeinen Kampfgetümmel von Augustus persönlich getötet worden sei. **12** Aber sobald Augustus erfahren hatte, daß Antonius nach seiner Flucht von M. Lepidus aufgenommen worden war und die übrigen Führer und Heere mit den Gegenparteien gemeinsame Sache machten, ließ er die Partei der Optimaten ohne zu zögern im Stich und verleumdete unter vorgeblich veränderter Gesinnung die Worte und Taten gewisser Leute, nämlich die einen hätten wiederholt die Ansicht geäußert, er sei ein Knabe, andere, man müsse ihn auszeichnen und befördern[47], damit der entsprechende Dank weder ihm noch den Veteranen abgestattet werde. Und um seine Reue über die Zugehörigkeit zur früheren Partei desto mehr unter Beweis zu stellen, trieb er die Einwohner von Nursia[48], nachdem er sie mit einer großen Geldstrafe belegt hatte und sie diese nicht zu zahlen imstande waren, aus der Stadt, weil sie in der Schlacht bei Mutina mit öffentlichen Mitteln einen Grabhügel für die gefallenen Mitbürger hatten erbauen und eine Inschrift anbringen lassen mit den Worten: »Sie starben für die Freiheit.«

13 (1) Nachdem er mit Antonius und Lepidus ein Bündnis eingegangen war, beendete er auch den Krieg bei Philippi[49], obwohl er krank und schwach war, in zwei Schlachten, wobei er in der ersten den Verlust seines Lagers zu beklagen hatte und nur mit Mühe zum Flügel des Antonius entkommen war. Den Erfolg des Sieges nutzte er aber nicht maßvoll aus, sondern wütete, nachdem er das Haupt des Brutus nach Rom geschickt hatte, damit es dem Standbild Caesars zu Füßen gelegt werde, gerade gegen die bedeutendsten Kriegsgefangenen nicht ohne beleidigende Worte. (2) So soll er nämlich einem Mann, der inständig um eine Bestattung bat, geantwortet haben, dies werde in der Macht der Vögel liegen; es heißt, er habe zwei anderen, Vater und Sohn, die um ihr Leben flehten, aufgetragen, das Los entscheiden zu lassen oder im Moraspiel[50] auszumachen, wem von beiden die Gnade zugestanden werde, weiter zu leben; und er soll

occiso filius quoque voluntariam occubuisset necem. quare
ceteri, in his M. Favonius ille Catonis aemulus, cum catenati
producerentur, imperatore Antonio honorifice salutato,
hunc foedissimo convicio coram prosciderunt.

(3) Partitis post victoriam officiis cum Antonius Orientem
ordinandum, ipse veteranos in Italiam reducendos et municipalibus agris collocandos recepisset, neque veteranorum
neque possessorum gratiam tenuit, alteris pelli se, alteris non
pro spe meritorum tractari querentibus. 14 quo tempore L.
Antonium fiducia consulatus, quem gerebat, ac fraternae
potentiae res novas molientem confugere Perusiam coegit et
ad deditionem fame conpulit, non tamen sine magnis suis et
ante bellum et in bello discriminibus. nam cum spectaculo
ludorum gregarium militem in quattuordecim ordinibus
sedentem excitari per apparitorem iussisset, rumore ab
obtrectatoribus dilato quasi eundem mox et discruciatum
necasset, minimum afuit quin periret concursu et indigna-
tione turbae militaris. saluti fuit, quod qui desiderabatur
repente comparuit incolumis ac sine iniuria. circa Perusinum
autem murum sacrificans paene interceptus est a manu gladiatorum, quae oppido eruperat. 15 Perusia capta in pluri-
mos animadvertit, orare veniam vel excusare se conantibus

zugeschaut haben, wie beide starben, als der Sohn, nachdem der Vater ermordet worden war, weil er sich freiwillig dem Henker angeboten hatte, ebenfalls den Freitod gewählt hatte. Deshalb haben die übrigen, unter ihnen M. Favonius[51], der berühmte Nacheiferer des Cato, als sie in Ketten vorgeführt wurden, Antonius als Imperator ehrenvoll gegrüßt, Augustus hingegen mit besonders häßlichen Schmähworten in aller Öffentlichkeit beschimpft.

(3) Als sie nach dem Sieg die Aufgaben verteilt hatten, übernahm Antonius den Osten, er selbst die Rückführung der Veteranen nach Italien und deren Ansiedlung auf dem Gebiet der Kleinstädte; hierfür erhielt er weder den Dank der Veteranen noch den der Besitzer, da die einen sich beklagten, daß sie vertrieben würden, die anderen, daß sie nicht ihren Verdiensten entsprechend behandelt würden.

14 Zu diesem Zeitpunkt zwang er L. Antonius, der im Vertrauen auf das Konsulat, das er innehatte, und auf die Macht seines Bruders einen Umsturz plante, nach Perusia zu fliehen und trieb ihn durch Aushungern zur Aufgabe, nicht ohne große Gefahren für die eigene Person sowohl vor als auch während des Krieges. Denn als er während einer Aufführung von Spielen einem gemeinen Soldaten, der in einer der vierzehn für die Ritter reservierten Reihen saß, durch einen Amtsdiener den Befehl hatte geben lassen, sich zu erheben, und von Widersachern das Gerücht verbreitet worden war, er habe denselben Mann sogleich grausam martern und töten lassen, fehlte nicht viel, und er wäre bei dem Auflauf und der Entrüstung der zügellosen Soldaten ums Leben gekommen. Seine Rettung war, daß der Vermißte plötzlich wieder erschien, und zwar unversehrt und unverletzt. Als er aber in der Nähe der Stadtmauer von Perusia ein Opfer darbrachte, wäre er beinahe von einer Schar Gladiatoren, die einen Ausbruch aus der Stadt gemacht hatte, aufgegriffen worden. **15** Nach der Einnahme von Perusia bestrafte er sehr viele, wobei er denen, die den Versuch unternahmen, Gnade zu erbitten oder eine

una voce occurrens ›moriendum esse‹. scribunt quidam tre-
centos ex dediticiis electos utriusque ordinis ad aram Divo
Iulio extructam Idibus Martiis hostiarum more mactatos.
extiterunt qui traderent con[s]pecto eum ad arma isse, ut
occulti adversarii et quos metus magis quam voluntas conti-
neret, facultate L. Antoni ducis praebita, detegerentur
devictisque is et confiscatis promissa veteranis praemia sol-
verentur.

16 (1) Siculum bellum incohavit in primis, sed diu traxit
intermissum saepius, modo reparandarum classium causa,
quas tempestatibus duplici naufragio et quidem per aestatem
amiserat, modo pace facta, flagitante populo ob interclusos
commeatus famemque ingravescentem; donec navibus ex
integro fabricatis ac viginti servorum milibus manumissis et
ad remum datis portum Iulium apud Baias inmisso in
Lucrinum et Avernum lacum mari effecit. in quo cum hieme
tota copias exercuisset, Pompeium inter Mylas et Naulo-
chum superavit, sub horam pugnae tam arto repente somno
devinctus, ut ad dandum signum ab amicis excitaretur.
(2) unde praebitam Antonio materiam putem exprobrandi:
ne rectis quidem oculis eum aspicere potuisse instructam

Entschuldigung anzuführen, mit nur einem Wort entgegnete: »Man muß sterben.« Gewisse Schriftsteller[52] behaupteten, daß ungefähr dreihundert ausgewählte Untertanen jeden Standes am Altar des göttlichen Iulius an den Iden des März nach Art von Opfertieren geschlachtet worden seien. Es hat namenlose Gewährsleute gegeben, die mitteilten, er habe in Übereinkunft mit Antonius zu den Waffen gegriffen, damit verborgene Feinde und solche, die mehr die Furcht als freier Wille im Zaum hielt, aufgedeckt wurden; nachdem ihnen die Gelegenheit geboten worden war, sich dem Führer L. Antonius anzuschließen, hat Augustus sie völlig besiegt und ihre Güter eingezogen, so daß er den Veteranen die versprochenen Belohnungen auszahlen konnte.

16 (1) Den Krieg in Sizilien begann er als ersten, der aber zog sich hin, da er häufiger unterbrochen wurde, bald zum Instandsetzen der Flotten, die infolge der Stürme zweimal bei Schiffbrüchen, und zwar im Verlauf des Sommers, verlorengegangen waren, bald dadurch, daß Augustus Frieden geschlossen hatte, weil dies das Volk wegen der unterbrochenen Lieferung der Lebensmittel und der wachsenden Hungersnot leidenschaftlich forderte. Nachdem Augustus ganz neue Schiffe hatte bauen lassen, zwanzigtausend Sklaven freigelassen und für die Arbeit an den Rudern bereitgestellt hatte, ließ er bei Baiae den Iulischen Hafen anlegen, wobei er den Lucriner und Averner See mit dem Meer verband.[53] Da er hier die Truppen im ganzen Winter gedrillt hatte, besiegte er Pompeius zwischen Mylae und Naulochus[54], obwohl er unmittelbar vor der Stunde der Schlacht plötzlich von einem so festen Schlaf erfaßt worden war, daß er von seinen Freunden geweckt werden mußte, um das Zeichen zum Kampf geben zu können. (2) Von daher – so möchte ich glauben – hat sich dem Antonius das Material für seine Vorwürfe angeboten: Augustus sei nicht einmal in der Lage gewesen, mit ruhigem Blick eine aufgestellte Schlachtreihe anzusehen, sondern er habe auf dem Rücken liegend

aciem, verum supinum, caelum intuentem, stupidum cubuisse nec prius surrexisse ac militibus in conspectum venisse
quam a M. Agrippa fugatae sint hostium naves. alii dictum
factumque eius criminantur, quasi classibus tempestate per-
ditis exclamaverit etiam invito Neptuno victoriam se adep-
turum, ac die circensium proximo sollemni pompae simulacrum dei detraxerit. (3) nec temere plura ac maiora pericula
ullo alio bello adiit. traiecto in Siciliam exercitu, cum partem
reliquam copiarum continenti repeteret, oppressus ex inproviso a Demochare et Apollophane praefectis Pompei uno
demum navigio aegerrime effugit. iterum cum praeter Lo-
cros Regium pedibus iret et prospectis biremibus Pompeia-
nis terram legentibus suas ratus descendisset ad litus, paene
exceptus est. tunc etiam per devios tramites refugientem
servus Aemili Pauli comitis eius, dolens proscriptum olim ab
eo patrem Paulum et quasi occasione ultionis oblata, interfi-
cere conatus est.
(4) Post Pompei fugam collegarum alterum M. Lepidum,
quem ex Africa in auxilium evocarat, superbientem viginti
legionum fiducia summasque sibi partes terrore et minis
vindicantem spoliavit exercitu supplicemque concessa vita
Cerceios in perpetuum relegavit.

zum Himmel geschaut und stumpfsinnig daniedergelegen; er
habe sich nicht eher erhoben, sei von den Soldaten nicht eher
gesehen worden, als die feindlichen Schiffe von M. Agrippa
in die Flucht geschlagen worden seien. Einige werfen ihm
folgenden Ausspruch und die Handlungsweise vor, er hätte
nach dem Verlust der Flotte durch einen Sturm ausgerufen,
sogar gegen den Willen Neptuns werde er den Sieg davon-
tragen, und er habe an den folgenden Circusspielen beim
feierlichen Festzug der Götterbilder das Abbild dieses Gottes nicht mitgeführt. (3) Und es hat seinen guten Grund, daß
er in keinem anderen Krieg mehr und größere Gefahren auf
sich zu nehmen hatte. Als er etwa nach dem Übersetzen
seines Heeres nach Sizilien auf dem Festland den restlichen
Teil der Truppen wieder abholen wollte, wurde er unversehens von Demochares und Apollophanes, zwei Präfekten
des Pompeius, überfallen, konnte aber schließlich unter
größter Anstrengung mit einem einzigen Schiff entkommen.
Als er sich ein anderes Mal auf dem Landwege an Lokri
vorbei nach Regium[55] bewegte, erblickte er zweirudrige
Galeeren der pompeianischen Flotte, die die Küste entlang
segelten. Da er glaubte, es handle sich um die eigenen, ging
er zum Strand hinunter und wäre beinahe aufgegriffen worden. Als er damals, noch dazu auf unwegsamen Pfaden,
flüchtete, versuchte ein Sklave seines Begleiters Aemilius
Paulus[56], ihn zu töten, da dieser Schmerz darüber empfand,
daß der Vater des Paulus einst von Augustus in die Acht
erklärt worden war, und er nun gewissermaßen die Möglich-
keit sah, Rache zu nehmen.
(4) Nach der Flucht des Pompeius nahm Augustus dem
anderen Kollegen, M. Lepidus, den er aus Afrika zu Hilfe
gerufen hatte, das Heer, weil dieser im Vertrauen auf die
zwanzig Legionen übermütig wurde und unter einschüch-
ternden Drohungen die Hauptrolle für sich beanspruchte;
als dieser flehentlich um sein Leben bat, gewährte Augustus ihm diese Bitte, verbannte ihn aber für immer nach
Cercei[57].

17 (1) M. Antoni[i] societatem semper dubiam et incertam reconciliationibusque variis male focilatam abrupit tandem, et quo magis degenerasse eum a civili more approbaret, testamentum, quod is Romae etiam de Cleopatra liberis inter heredes nuncupatis reliquerat, aperiundum recitandumque pro contione curavit. (2) remisit tamen hosti iudicato necessitudines amicosque omnes atque inter alios C. Sosium et T. Domitium tunc adhuc consules. Bononiensibus quoque publice, quod in Antoniorum clientela antiquitus erant, gratiam fecit coniurandi cum tota Italia pro partibus suis. nec multo post navali proelio apud Actium vicit in serum dimicatione protracta, ut in nave victor pernoctaverit. (3) ab Actio cum Samum in hiberna se recepisset, turbatus nuntiis de seditione praemia et missionem poscentium, quos ex omni numero confecta victoria Brundisium praemiserat, repetit⟨a It⟩alia tempestate in traiectu bis conflictatus, primo inter promunturia Peloponensi atque Aetoliae, rursus circa montes Ceraunios utrubique parte liburnicarum demersa, simul eius, in qua vehebatur, fusis armamentis et gubernaculo diffracto; nec amplius quam septem et viginti dies, donec †ad desideria militum ordinarentur, Brundisii commoratus, Asiae Syriaeque circuitu Aegyptum petit obsessaque Alexandrea, quo Antonius cum Cleopatra confugerat, brevi potitus est. (4) et Antonium quidem seras

17 (1) Das Bündnis mit M. Antonius, das stets unzuverlässig und unsicher und durch mannigfaltige Versöhnungsversuche nur unzureichend wiederbelebt worden war, brach Augustus endlich ganz. Und damit er den Beweis erbringen konnte, daß Antonius sich immer mehr von römischer Lebensweise abgewandt hatte, ließ er das Testament, das dieser in Rom hinterlegt und in dem er sogar Cleopatras Kinder zu Miterben ernannt hatte, öffnen und vor versammeltem Volk verlesen.[58] (2) Augustus erklärte ihn zwar zum Staatsfeind, gestattete ihm jedoch den Kontakt zu allen Verwandten und Freunden, unter ihnen C. Sosius und T. Domitius[59], die zu diesem Zeitpunkt noch Konsuln waren. Den Einwohnern von Bononia[60] erließ er es sogar öffentlich, auf seinen Namen zu schwören, wie es ganz Italien tun mußte, weil sie von alters her zur Klientel der Antonii gehörten. Und nicht lange danach siegte er in der Seeschlacht bei Aktium, wobei sich der Kampf so lange hinzog, daß der Sieger die Nacht auf dem Schiff verbringen mußte. (3) Als er sich von Aktium nach Samos in das Winterlager zurückgezogen hatte, wurde er durch Nachrichten beunruhigt, daß Soldaten aus allen Truppenabteilungen, die er nach dem Sieg nach Brundisium vorausgeschickt hatte, meuterten und ihre Belohnungen und ihre Entlassung forderten. Sogleich kehrte er nach Italien zurück und wurde bei der Überfahrt zweimal von einem Unwetter heimgesucht: Zuerst zwischen dem Vorgebirge der Peloponnes und Aetoliens, dann wiederum in der Nähe des Keraunischen Gebirges, wobei jedesmal ein Teil der Liburner-Schiffe sank; zugleich wurde das Takelwerk des Schiffes, auf dem er fuhr, erheblich beschädigt und das Steuerruder zerbrochen. Er blieb nicht länger als siebenundzwanzig Tage in Brundisium, bis alles nach den Wünschen der Soldaten geregelt war, und fuhr auf dem Umweg über Kleinasien und Syrien nach Ägypten. Dann bemächtigte er sich nach kurzer Belagerung Alexandriens, wohin sich Antonius mit Cleopatra geflüchtet hatte. (4) Und Antonius, der zu spät die Friedens-

condiciones pacis temptantem ad mortem adegit viditque
mortuum. Cleopatrae, quam servatam triumpho magno
opere cupiebat, etiam psyllos admovit, qui venenum ac virus
exugerent, quod perisse morsu aspidis putabatur. ambobus
communem sepulturae honorem tribuit ac tumulum ab ipsis
incohatum perfici iussit. (5) Antonium iuvenem, maiorem
de duobus Fulvia genitis, simulacro Divi Iuli, ad quod post
multas et irritas preces confugerat, abreptum interemit. item
Caesarionem, quem ex Caesare patre Cleopatra concepisse
praedicabat, retractum e fuga supplicio adfecit. reliquos
Antoni[i] reginaeque communes liberos non secus ac necessitudine iunctos sibi et conservavit et mox pro condicione
cuiusque sustinuit ac fovit. **18** (1) per idem tempus condito-
rium et corpus Magni Alexandri, cum prolatum e penetrali
subiecisset oculis, corona aurea imposita ac floribus aspersis
veneratus est consultusque, num et Ptolemaeum inspicere
vellet, regem se voluisse ait videre, non mortuos. (2) Aegyptum in provinciae formam redactam ut feraciorem habilio-
remque annonae urbicae redderet, fossas omnis, in quas
Nilus exaestuat, oblimatas longa vetustate militari opere
detersit. quoque Actiacae victoriae memoria celebratior et in
posterum esset, urbem Nicopolim apud Actium condidit
ludosque illic quinquennales constituit et ampliato vetere
Apollinis templo locum castrorum, quibus fuerat usus,
exornatum navalibus spoliis Neptuno ac Marti consecravit.

bedingungen prüfte, zwang er, Selbstmord zu begehen und sah sich die Leiche an. Für Cleopatra, die er sehr gern für seinen Triumphzug gerettet sehen wollte, zog er sogar Psyller[61] hinzu, die aus ihrer Wunde das Gift aussaugen sollten, weil man glaubte, daß sie an dem Biß einer Viper zugrunde gegangen sei. Beiden gewährte er dann aber die Ehre gemeinsamer Bestattung und ließ den Grabhügel, den sie selbst zu errichten begonnen hatten, vollenden. (5) Den jungen Antonius, den älteren der beiden Söhne Fulvias, ließ er vom Standbild des göttlichen Iulius, zu dem er nach zahlreichen, aber vergeblichen Bitten geflohen war, wegreißen und töten. Ebenso ließ er den auf der Flucht aufgegriffenen Caesarion hinrichten, den Cleopatra – wie sie sich rühmte – von Caesar empfangen zu haben vorgab. Den übrigen gemeinsamen Kindern von Antonius und Cleopatra schenkte er das Leben, behandelte sie nicht anders als seine eigenen Verwandten und unterstützte und förderte sie entsprechend der Stellung eines jeden. 18 (1) Zur selben Zeit betrachtete er den Sarg mit der Leiche Alexanders des Großen, die er aus dem inneren Gemach hatte herausnehmen lassen, mit eigenen Augen; zum Ausdruck seiner Verehrung legte er einen goldenen Kranz nieder und ließ Blumen streuen; auf die Frage, ob er auch das Grabmal der Ptolemäer in Augenschein nehmen wolle, sagte er, er habe einen König sehen wollen, nicht Leichen. (2) Um Ägypten, das er in eine Provinz umgewandelt hatte, fruchtbarer und für die Getreideversorgung Roms ergiebiger zu machen, ließ er alle Kanäle, in die sich der Nil zur Zeit der Überschwemmung ergießt und die seit einem langen Zeitraum verschlammt waren, durch die Arbeit von Soldaten reinigen. Und damit sein Sieg bei Aktium auch für die Nachwelt in feierlicher Erinnerung blieb, gründete er bei Aktium die Stadt Nikopolis[62], richtete dort Spiele ein, die alle vier Jahre abgehalten werden sollten, erweiterte den alten Apollotempel, schmückte den ehemaligen Lagerplatz mit Schiffstrophäen und weihte ihn Neptun und Mars.

19 (1) Tumultus posthac et rerum novarum initia coniuratio-
nesque complures, prius quam invalescerent indicio detec-
tas, compressit alias alio tempore: Lepidi iuvenis, deinde
Varronis Murenae et Fanni Caepionis, mox M. Egnati, exin
Plauti Rufi Lucique Pauli progeneri sui, ac praeter has L.
Audasi falsarum tabularum rei ac neque aetate neque corpore integri, item Asini Epicadi ex gente Parthina ibridae, ad
extremum Telephi, mulieris servi nomenculatoris. nam ne
ultimae quidem sortis hominum conspiratione et periculo
caruit. (2) Audasius atque Epicadus Iuliam filiam et Agrippam nepotem ex insulis, quibus continebantur, rapere ad
exercitus, Telephus quasi debita sibi fato dominatione et
ipsum et senatum adgredi destinarant. quin etiam quondam
iuxta cubiculum eius lixa quidam ex Illyrico exercitu, ianito-
ribus deceptis, noctu deprehensus est cultro venatorio cinctus, imposne mentis an simulata dementia incertum; nihil
enim exprimi quaestione potuit.
20 Externa bella duo omnino per se gessit, Delmaticum
adulescens adhuc et Antonio devicto Cantabricum. Delma-
tico etiam vulnera excepit, una acie dextrum genu lapide
ictus, altera et crus et utrumque brachium ruina pontis
consauciatus. reliqua per legatos administravit, ut tamen

19 (1) Später unterdrückte er jeweils an verschiedenen Orten und zu verschiedenen Zeiten mehrere Erhebungen, aufkeimende Umsturzversuche und Verschwörungen, noch bevor sie sich voll entfalten konnten; es handelt sich um die folgenden Erhebungen: Diejenige des jungen Lepidus, dann die von Varro und Fannius Caepio, bald danach die von M. Egnatius,[63] alsdann die von Plautius Rufus und Lucius Paulus, dem Gatten seiner Enkelin, und außer diesen diejenige von Lucius Audasius, der wegen Urkundenfälschung angeklagt wurde und ein altersschwacher Mann war, ebenso die von Asinius Epicadius, eines Mischlings illyrischer Herkunft, schließlich die von Telephus, einem Sklaven, der bei einer Dame das Amt eines Nomenklators[64] innehatte. Denn nicht einmal vor Verschwörungen und Gefahren, die von Leuten niedrigsten Ranges ausgingen, blieb er verschont. (2) Audasius und Epicadus hatten die feste Absicht gehabt, seine Tochter Iulia und seinen Enkel Agrippa[65] von den Inseln, auf denen sie gefangen gehalten wurden, gewaltsam zu den Heeren zu entführen; Telephus hatte beschlossen, sowohl gegen Augustus selbst als auch gegen den Senat einen Angriff zu führen, da er die Auffassung vertrat, er sei vom Schicksal zur Alleinherrschaft vorgesehen. Ja, es wurde sogar einmal in der Nähe seines Schlafgemachs nachts ein Marketender aus dem illyrischen Heer aufgegriffen, dem es, mit einem Jagdmesser bewaffnet, gelungen war, die Türhüter zu täuschen; und ob er nicht Herr seiner Sinne war oder dies nur vorgab, blieb ungewiß, denn auch durch die Folter konnte nichts aus ihm herausgepreßt werden.

20 Auswärtige Kriege hat Augustus selbst überhaupt nur zwei geführt: als er noch ein junger Mann war den in Dalmatien und nach der Vernichtung des Antonius den in Kantabrien.[66] Im dalmatischen Krieg trug er sogar Verwundungen davon: in der einen Schlacht wurde er von einem Stein am rechten Knie getroffen, in der anderen wurde er beim Einsturz einer Brücke sowohl am Schenkel als auch an beiden Armen erheblich verletzt. Die übrigen Kriege ließ er

quibusdam Pannonicis atque Germanicis aut interveniret aut
non longe abesset, Ravennam vel Mediolanium vel Aqui-
leiam usque ab urbe progrediens. **21** (1) domuit autem
partim ductu partim auspiciis suis Cantabriam, Aquitaniam,
Pannoniam, Delmatiam cum Illyrico omni, item Raetiam
et Vindelicos ac Salassos, gentes Inalpinas. coercuit et
Dacorum incursiones tribus eorum ducibus cum magna
copia caesis, Germanosque ultra Albim fluvium summovit,
ex quibus Suebos et Sigambros dedentis se traduxit in Gal-
liam atque in proximis Rheno agris conlocavit. alias item
nationes male quietas ad obsequium redegit. (2) nec ulli genti
sine iustis et necessariis causis bellum intulit tantumque afuit
a cupiditate quoquo modo imperium vel bellicam gloriam
augendi, ut quorundam barbarorum principes in aede Martis
Ultoris iurare coegerit mansuros se in fide ac pace quam
peterent, a quibusdam vero novum genus obsidum, feminas,
exigere temptaverit, quod neglegere marum pignera sentiebat; et tamen potestatem semper omnibus fecit, quotiens
vellent obsides recipiendi. neque aut crebrius aut perfidio-
sius rebellantis graviore umquam ultus est poena, quam ut
captivos sub lege venundaret, ne in vicina regione servirent
neve intra tricensimum annum liberarentur. (3) qua virtutis
moderationisque fama Indos etiam ac Scythas auditu modo

durch Unterfeldherren führen, auch wenn er bei einigen,
wie etwa dem Pannonischen oder dem Germanischen Krieg,
selbst anwesend war oder sich zumindest nicht weit davon
entfernt aufhielt; denn er rückte von Rom bis nach Ravenna,
Mailand oder Aquileia vor. **21** (1) Unterworfen aber hat
Augustus teils unter seiner persönlichen Führung, teils unter seinem Oberbefehl, Kantabrien, Aquitanien, Pannonien,
Dalmatien mit dem gesamten Illyricum, desgleichen Rae-
tien und die Vindelici und Salassi[67], zwei Alpenvölker. Er
wehrte auch die Angriffe der Daker ab, wobei drei ihrer
Führer mit einer großen Truppenmenge vernichtend geschlagen wurden, und die Germanen drängte er über die
Elbe zurück; von diesen führte er die Sueben und Sugambrer, die sich freiwillig ergaben, nach Gallien hinüber und
siedelte sie in Gebieten an, die ganz in der Nähe des Rheins
lagen. Andere unruhige Stämme zwang er ebenso zum Gehorsam. (2) Aber mit keinem Volk führte er ohne gerech-
te und notwendige Gründe Krieg,[68] und er war so weit von
dem Verlangen entfernt, auf jede Art und Weise sein Reich
zu erweitern oder den Kriegsruhm zu erhöhen, daß er gewisse Barbarenfürsten zwang, im Tempel des Mars Ultor
zu schwören, sie würden den Frieden, um den sie baten,
getreulich halten; von einigen Völkern aber versuchte er
eine neue Art von Geiseln, nämlich Frauen, einzufordern,
weil er den Eindruck gewonnen hatte, daß sie männliche
Geiseln mißachteten; und dennoch gab Augustus allen die
Gelegenheit, so oft sie es wünschten, ihre Geiseln zurückzu-
erhalten. Und an Völkern, die sich entweder häufiger oder
arglistiger auflehnten, nahm er niemals mit einer schwereren
Strafe Rache, als daß er die Kriegsgefangenen unter der
Bedingung verkaufte, sie sollten nicht in einer ihrer Heimat
benachbarten Gegend Sklavendienst verrichten noch auch
innerhalb von dreißig Jahren freigelassen werden. (3) Durch
diesen Ruf seiner Tapferkeit und seiner maßvollen Regie-
rung nahm er sogar die Inder und Skythen[69], die nur vom
Hörensagen bekannt waren, für sich ein und bewegte sie

cognitos pellexit ad amicitiam suam populique Rom. ultro
per legatos petendam. Parthi quoque et Armeniam vindi-
canti facile cesserunt et signa militaria, quae M. Crasso et M.
Antonio ademerant, reposcenti reddiderunt obsidesque
insuper optulerunt, denique pluribus quondam de regno
concertantibus, non nisi ab ipso electum probaverunt.

22 Ianum Quirinum semel atque iterum a condita urbe ante
memoriam suam clausum in multo breviore temporis spatio
terra marique pace parta ter clusit. bis ovans ingressus est
urbem, post Philippense et rursus post Siculum bellum.
curulis triumphos tris egit, Delmaticum, Actiacum, Alexan-
drinum, continuo triduo omnes.

23 (1) Graves ignominias cladesque duas omnino nec alibi
quam in Germania accepit, Lollianam et Varianam, sed
Lollianam maioris infamiae quam detrimenti, Varianam
paene exitiabilem tribus legionibus cum duce legatisque et
auxiliis omnibus caesis. hac nuntiata excubias per urbem
indixit, ne quis tumultus existeret, et praesidibus provin-
ciarum propagavit imperium, ut a peritis et assuetis socii
continerentur. (2) vovit et magnos ludos Iovi Optimo
Maximo, si res p. in meliorem statum vertisset: quod factum
Cimbrico Marsicoque bello erat. adeo denique consternatum ferunt, ut per continuos menses barba capilloque sum-

dazu, von sich aus durch Gesandte um seine Freundschaft und die des römischen Volkes zu bitten. Auch die Parther traten ihm ohne weiteres Armenien ab, als er darauf Anspruch erhob, und gaben ihm auf sein Verlangen die Feldzeichen zurück, die sie M. Crassus und M. Antonius entrissen hatten; darüber hinaus boten sie ihm noch Geiseln an und schließlich akzeptierten sie, als einmal mehrere Bewerber um die Königswürde stritten, nur denjenigen, den Augustus persönlich ausgewählt hatte.[70]

22 Den Tempel des Ianus Quirinus, der seit Gründung der Stadt bis zur Zeit des Augustus nur zweimal geschlossen war, ließ er in einem viel kürzeren Zeitraum dreimal schließen, nachdem er zu Lande und zu Wasser den Frieden hergestellt hatte. Zweimal kehrte er mit einem kleinen Triumphzug in die Stadt zurück, nach dem Krieg von Philippi, und dann wiederum nach dem Sizilischen Krieg.[71] Große Triumphzüge im Viergespann hielt er drei ab, für den Sieg in Dalmatien, bei Aktium und Alexandria, wobei alle Triumphzüge fortlaufend drei Tage dauerten.

23 (1) Schwere, schimpfliche Niederlagen hat er überhaupt nur zwei erlitten, und zwar nirgendwo sonst als in Germanien: die des Lollius und die des Varus.[72] Bei der Niederlage des Lollius war die Schmach größer als der Schaden, die Niederlage des Varus hätte beinahe zum Untergang des Reichs geführt, da drei Legionen mit dem Feldherrn, den Legaten und allen Hilfstruppen gänzlich geschlagen wurden. Auf die Meldung von dieser Niederlage hin ließ er überall in der Stadt Wachen aufstellen, damit keine Unruhe entstehe, und verlängerte den Provinzstatthaltern den Oberbefehl, damit die Bundesgenossen von erfahrenen und ihnen bekannten Männern in Schranken gehalten würden. (2) Er gelobte dem Iupiter Optimus Maximus auch große Spiele, wenn der Staat wieder in einen besseren Zustand gekommen wäre: dies war bereits im Krieg gegen die Kimbern und Marser geschehen. Schließlich soll er so verzweifelt gewesen sein, daß er mehrere Monate lang seinen Bart und seine

misso caput interdum foribus illideret vociferans: ›Quintili
Vare, legiones redde!‹ diemque cladis quotannis maestum
habuerit ac lugubrem.

24 (1) In re militari et commutavit multa et instituit atque
etiam ad antiquum morem nonnulla revocavit. disciplinam
severissime rexit. ne legatorum quidem cuiquam, nisi gra-
vate hibernisque demum mensibus, permisit uxorem intervi-
sere. equitem R., quod duobus filiis adulescentibus causa
detrectandi sacramenti pollices amputasset, ipsum bonaque
subiecit hastae; quem tamen, quod inminere emptioni publi-
canos videbat, liberto suo addixit, ut relegatum in agros pro
libero esse sineret. (2) decimam legionem contumacius
parentem cum ignominia totam dimisit, item alias immode-
ste missionem postulantes citra commoda emeritorum
praemiorum exauctoravit. cohortes, si quae cessissent loco,
decimatas hordeo pavit. centuriones statione deserta, itidem
ut manipulares, capitali animadversione puniit, pro cetero
delictorum genere variis ignominis adfecit, ut stare per
totum diem iuberet ante praetorium, interdum tunicatos
discinctosque, nonnumquam cum decempedis, vel etiam
caespitem portantes. **25** (1) neque post bella civilia aut in
contione aut per edictum ullos militum commilitones appellabat, sed milites, ac ne a filiis quidem aut privignis suis

Haare hat wachsen lassen und zuweilen den Kopf gegen
die Tür schlug, wobei er ausrief: »Quintilius Varus, gib
mir meine Legionen wieder!« Und den Tag der Niederlage
soll er alljährlich traurig und niedergeschlagen verbracht
haben.

24 (1) Im Militärwesen hat er viele Details geändert und neu
eingeführt, aber auch einige alte Sitten wieder neu belebt.
Die Disziplin handhabe er besonders streng. Selbst einem
Legaten erlaubte er es nur ungern und lediglich in den
Wintermonaten, seine Frau zu besuchen. Einen römischen
Ritter hat er, weil dieser seinen beiden jungen Söhnen die
Daumen verstümmelt hatte, um sie dem Kriegsdienst zu
entziehen, in die Sklaverei verkauft und dessen Hab und Gut
öffentlich versteigern lassen; da er jedoch sah, daß die
Steuerpächter danach trachteten, den Mann zu kaufen, über-
ließ er ihn einem seiner Freigelassenen mit dem Auftrag, ihn
aufs Land zu verbannen und wie einen Freien zu behandeln.
(2) Die gesamte zehnte Legion, die nur recht widerspenstig
Gehorsam leistete, schickte er unter Schimpf und Schande
fort, ebenso verabschiedete er andere, die anmaßend ihre
Entlassung forderten, ohne die Privilegien, die ausgedienten
Soldaten üblicherweise zustanden. Kohorten, die etwa von
ihren Posten gewichen waren, dezimierte er und ließ sie nur
mit Gerste für ihr Brot versorgen. Hauptleute, die ihre
Stellung verlassen hatten, bestrafte er ebenso wie einfache
Soldaten mit dem Tod. Für die übrigen Arten von Vergehen
sah er verschiedene schimpfliche Strafen vor, wie zum Beispiel den ganzen Tag über vor dem Feldherrnzelt zu stehen,
zuweilen lediglich mit der Tunika bekleidet und ohne Gürtel, manchmal mit einer zehn Fuß langen Meßstange, oder
sie mußten sogar ein Rasenstück tragen. **25** (1) Nach den
Bürgerkriegen aber hat er weder auf einer Versammlung
noch in einer Verordnung irgendwelche Soldaten als »Kameraden« bezeichnet, sondern als »Soldaten«, und er ließ sich
nicht einmal von seinen Söhnen oder Stiefsöhnen, wenn sie
einen Oberbefehl innehatten, auf andere Art und Weise

imperio praeditis aliter appellari passus est, ambitiosius id
existimans, quam aut ratio militaris aut temporum quies aut
sua domusque suae maiestas postularet. (2) libertino milite,
praeterquam Romae incendiorum causa et si tumultus in
graviore annona metueretur, bis usus est: semel ad praesi-
dium coloniarum Illyricum contingentium, iterum ad tutelam ripae Rheni fluminis; eosque, servos adhuc viris feminis-
que pecuniosioribus indictos ac sine mora manumissos, sub
priore vexillo habuit, neque aut commixtos cum ingenuis aut
eodem modo armatos.
(3) Dona militaria aliquanto facilius phaleras et torques,
quicquid auro argentoque constaret, quam vallares ac mura-
les coronas, quae honore praecellerent, dabat; has quam
parcissime et sine ambitione ac saepe etiam caligatis tribuit.
M. Agrippam in Sicilia post navalem victoriam caeruleo
vexillo donavit. solos triumphales, quamquam et socios
expeditionum et participes victoriarum suarum, numquam
donis impertiendos putavit, quod ipsi quoque ius habuissent
tribuendi ea quibus vellent. (4) nihil autem minus [in]per-
fecto duci quam festinationem temeritatemque convenire
arbitrabatur. crebro itaque illa iactabat: σπεῦδε βραδέως·

›ἀσφαλὴς γάρ ἐστ᾽ ἀμείνων ἢ θρασὺς στρατηλάτης‹

et: ›sat celeriter fieri quidquid fiat satis bene.‹ proelium
quidem aut bellum suscipiendum omnino negabat, nisi cum

anreden, da er die Auffassung vertrat, daß die Anrede
»Kameraden« zu anspruchsvoll sei, die nicht dem Verhalten
der Soldaten, den ruhigen Zeiten und seiner und seines
Hauses Würde angemessen sei. (2) Freigelassene als Soldaten
hat Augustus, außer bei Brandstiftungen in Rom oder wenn
ein Aufstand bei gestiegenem Getreidepreis befürchtet
wurde, nur zweimal eingesetzt: einmal zum Schutz der
Provinzen, die an Illyricum[73] angrenzten, das andere Mal
zur Sicherung des Rheinufers; und zwar ließ er diese, die
noch als Sklaven von ziemlich begüterten Männern und
Frauen gestellt und ohne Verzögerung freigelassen worden
waren, in einer vorderen Abteilung kämpfen, wobei sie
weder unter die Freigeborenen eingereiht noch auf dieselbe
Art und Weise bewaffnet wurden.

(3) Als Auszeichnungen für den Kriegsdienst verlieh er viel
eher Brustschmuck und Halsketten, Gegenstände, die aus
Gold und Silber bestanden, als Wall- und Mauerkronen,
welche jene an Ehre weit übertrafen; diese verteilte er aufs
sparsamste, ohne Rücksicht auf das Ansehen der Person und
oft sogar gemeinen Soldaten. M. Agrippa schenkte er in
Sizilien nach dem Seesieg eine blaue Standarte. Er war der
Meinung, daß nur die Feldherren, die bereits einen Triumph
gefeiert hatten, niemals mit Geschenken bedacht werden
dürften, auch wenn sie an den Feldzügen und an seinen
Siegen beteiligt waren, weil sie selbst ebenfalls das Recht
besessen hätten, Geschenke nach Belieben zu verteilen.
(4) Augustus glaubte, für einen vollkommenen Feldherrn sei
nichts weniger schicklich als Hast und Unbesonnenheit.
Daher pflegte er häufig jene griechischen Worte zu zitieren:
»Eile mit Weile«, oder den Vers von Euripides:

>»Vorsicht ist nämlich für einen Heerführer besser als
>   Verwegenheit«[74]

und dazu auf lateinisch: »Es genügt, daß schnell genug getan
wird, was gut genug getan werden soll.« Eine Schlacht
freilich oder einen Krieg dürfe man seiner Meinung nach

maior emolumenti spes quam damni metus ostenderetur.
nam minima commoda non minimo sectantis discrimine
similes aiebat esse aureo hamo piscantibus, cuius abrupti
damnum nulla captura pensari posset.

26 (1) Magistratus atque honores et ante tempus et quosdam
novi generis perpetuosque cepit. consulatum vicesimo aetatis anno invasit admotis hostiliter ad urbem legionibus mis-
sisque qui sibi nomine exercitus deposcerent; cum quidem
cunctante senatu Cornelius centurio, princeps legationis,
reiecto sagulo ostendens gladii capulum non dubitasset in
curia dicere: ›hic faciet, si vos non feceritis.‹ (2) secundum
consulatum post novem annos, tertium anno interiecto gessit, sequentis usque ad undecimum continuavit, multisque
mox, cum deferrentur, recusatis duodecimum magno, id est
septemdecim annorum, intervallo et rursus tertium decimum biennio post ultro petit, ut C. et Lucium filios amplis-
simo praeditus magistratu suo quemque tirocinio deduceret
in forum. (3) quinque medios consulatus a sexto ad decimum
annuos gessit, ceteros aut novem aut sex aut quattuor aut
tribus mensibus, secundum vero paucissimis horis. nam die
Kal. Ian. cum mane pro aede Capitolini Iovis paululum
curuli sella praesedisset, honore abiit suffecto alio in locum
suum. nec omnes Romae, sed quartum consulatum in Asia,

überhaupt nur für den Fall unternehmen, wenn die Aussicht
auf Nutzen größer scheine als die Furcht vor Schaden. Denn
– so sagte er gewöhnlich – diejenigen, die sehr kleinen
Gewinnen mit einem nicht geringen Aufwand nachjagten,
glichen jenen, die mit einem goldenen Angelhaken angeln;
reißt dieser, so könne der Schaden durch keinen Fang ersetzt
werden.

26 (1) Ämter und Ehrenstellen hat Augustus teils vor dem
gesetzlich vorgesehenen Zeitpunkt innegehabt, teils wurden
ihm einige neuerer Art und auf Lebenszeit übertragen. Des
Konsulats bemächtigte er sich im Alter von zwanzig Jahren
mit Gewalt, indem er die Legionen in feindseliger Absicht in
die Nähe der Hauptstadt führte und Beauftragte entsandte,
die für ihn im Namen des Heeres das Konsulat einfordern
sollten; als freilich der Senat zögerte, schlug der Hauptmann
Cornelius, der Führer der Gesandtschaft, den Kriegsmantel
auf, zeigte auf den Knauf seines Schwerts und trug keine
Bedenken, in der Kurie zu sagen: »Dies hier wird's tun,
wenn ihr's nicht tut!« (2) Das zweite Konsulat bekleidete er
nach neun Jahren, das dritte nach einer Unterbrechung von
nur einem Jahr, die folgenden bis zum elften hat er hinter-
einander innegehabt.[75] Und viele Konsulate hat er später,
obwohl sie ihm angetragen wurden, ausgeschlagen und hat
sich erst nach einer langen Unterbrechung, das heißt nach
siebzehn Jahren, um das zwölfte Konsulat beworben und
dann nach einem Zeitraum von zwei Jahren um das dreizehnte, um im Besitze des bedeutendsten Amts seine Söhne
Gaius und Lucius als Rekruten auf das Forum zu führen.
(3) Die mittleren fünf Konsulate, also vom sechsten bis zum
zehnten, bekleidete er jeweils das ganze Jahr über, die
übrigen entweder neun, sechs, vier oder drei Monate, das
zweite aber nur sehr wenige Stunden lang; denn nachdem er
am ersten Januar frühmorgens vor dem Tempel des Iupiter
Capitolinus auf seinem Amtsstuhl eine kurze Zeit den Vorsitz geführt hatte, legte er sein Ehrenamt nieder, wobei er
einen Nachfolger bestimmte. Und nicht alle Konsulate trat

quintum in insula Samo, octavum et nonum Tarracone
init.

27 (1) Triumviratum rei p. constituendae per decem annos
administravit; in quo restitit quidem aliquamdiu collegis ne
qua fieret proscriptio, sed inceptam utroque acerbius exercuit. namque illis in multorum saepe personam per gratiam
et preces exorabilibus solus magno opere contendit ne
cui parceretur, proscripsitque etiam C. Toranium tutorem suum, eundem collegam patris sui Octavi in aedilitate.
(2) Iulius Saturninus hoc amplius tradit, cum peracta pro-
scriptione M. Lepidus in senatu excusasset praeterita et
spem clementiae in posterum fecisset, quoniam satis poenarum exactum esset, hunc e diverso professum, ita modum se
proscribendi statuisse, ut omnia sibi reliquerit libera. in
cuius tamen pertinaciae paenitentiam postea T. Vinium Phi-
lopoemenem, quod patronum suum proscriptum celasse
olim diceretur, equestri dignitate honoravit. (3) in eadem hac
potestate multiplici flagravit invidia. nam et Pinarium equitem R., cum contionante se admissa turba paganorum apud
milites subscribere quaedam animadvertisset, curiosum ac
speculatorem ratus coram confodi imperavit; et Tedium
Afrum consulem designatum, quia factum quoddam suum
maligno sermone carpsisset, tantis conterruit minis, ut is se
praecipitaverit; (4) et Quintum Gallium praetorem, in offi-
cio salutationis tabellas duplices veste tectas tenentem, suspi-

er in Rom an, sondern das vierte in Kleinasien, das fünfte auf
der Insel Samos, das achte und neunte in Tarraco.[76]
27 (1) Das Triumvirat zur Neuordnung des Staates verwaltete er zehn Jahre lang; dabei widersetzte er sich zwar eine
Zeitlang seinen Kollegen, die Proskriptionen[77] vornehmen
wollten; als diese aber begonnen worden waren, übte er sie
rücksichtsloser aus als die anderen beiden. Denn während
sich jene bei der persönlichen Begegnung mit vielen Leuten
häufig durch inständige Bitten nachsichtig zeigten, drang
Augustus als einziger sehr darauf, daß niemandem Schonung
gewährt werde; und er ächtete sogar seinen ehemaligen
Vormund C. Toranius, der als Ädil Amtskollege seines
Vaters Octavius gewesen war.[78] (2) Iulius Saturninus berichtet darüber hinaus: Während M. Lepidus nach Beendigung
der Proskriptionen im Senat die vergangenen Vorkommnisse
entschuldigt und für die Zukunft Hoffnung auf Milde in
Aussicht gestellt hatte, weil genug Strafen festgesetzt wor-
den seien, erklärte Augustus demgegenüber öffentlich, er
habe die Grenzen für die Proskriptionen so festgelegt, daß
er immer noch in allen Bereichen frei entscheiden könne.
Zum Beweis der Reue jedoch über seine starre Haltung ehrte
er später T. Vinius Philopoemen,[79] indem er ihn in den
Ritterstand erhob, weil dieser einst seinen proskribierten
Patron verborgen gehalten haben soll. (3) In eben dieser
Machtposition zog sich Augustus den Haß verschiedenster
Kreise zu. Als er vor einer Versammlung von Soldaten eine
Rede hielt, zu der auch Zivilpersonen zugelassen waren, und
bemerkte, daß der römische Ritter Pinarius heimlich Auf-
zeichnungen machte, gab er den Befehl, diesen vor aller
Augen niederzustechen, da er ihn für einen Spion und
Spitzel hielt; Tedius Afer, der schon zum Konsul gewählt
war, setzte er, weil dieser irgendeine Maßnahme von Augustus mit einer boshaften Bemerkung benörgelt hatte, mit
derartigen Drohungen in Angst und Schrecken, daß er sich
in den Tod stürzte. (4) Den Prätor Quintus Gallius, der
bei einer offiziellen Begrüßung eine zusammengeklappte

catus gladium occulere, nec quicquam statim, ne aliud inveniretur, ausus inquirere, paulo post per centuriones et milites raptum e tribunali servilem in modum torsit ac fatentem
nihil iussit occidi prius oculis eius sua manu effossis; quem
tamen scribit conloquio petito insidiatum sibi coniectumque
a se in custodiam, deinde urbe interdicta dimissum naufragio
vel latronum insidiis perisse. (5) tribuniciam potestatem
perpetuam recepit, in qua semel atque iterum per singula
lustra collegam sibi cooptavit. recepit et morum legumque
regimen aeque perpetuum, quo iure, quamquam sine censu-
rae honore, censum tamen populi ter egit, primum ac tertium cum collega, medium solus.
28 (1) De reddenda re p. bis cogitavit: primum post oppres-
sum statim Antonium, memor obiectum sibi ab eo saepius,
quasi per ipsum staret ne redderetur; ac rursus taedio diutur-
nae valitudinis, cum etiam magistratibus ac senatu domum
accitis rationarium imperii tradidit. sed reputans et se priva-
tum non sine periculo fore et illam plurium arbitrio temere
committi, in retinenda perseveravit, dubium eventu meliore

Schreibtafel unter dem Gewand versteckt hielt, verdächtigte er, ein Schwert zu verbergen, wagte es aber nicht, ihn sofort durchsuchen zu lassen, aus Furcht, es könne etwas anderes gefunden werden; kurz darauf ließ er ihn durch Hauptleute und Soldaten von seinem Richterstuhl fortreißen, ihn nach Sklavenart foltern und, als er kein Geständnis abgelegt hatte, hinrichten, wobei er ihm eigenhändig zuvor die Augen ausgestochen hatte. Augustus jedoch stellte den Sachverhalt wie folgt dar: Gallius habe auf ihn, als auf sein Ersuchen hin ein Gespräch stattfand, einen Anschlag verübt und sei dafür von ihm ins Gefängnis geworfen worden; nachdem ihm daraufhin das Betreten der Stadt untersagt worden war, sei er entlassen worden und habe bei einem Schiffbruch oder durch Straßenräuber sein Leben verloren. (5) Die tribunizische Gewalt[80] übernahm Augustus auf Lebenszeit, wobei er sich zweimal, jeweils für einen Zeitraum von fünf Jahren, einen Amtskollegen hinzuwählte. Er übernahm auch die Aufsicht über die Sitten und Gesetze, und zwar auf Lebenszeit; aufgrund dieser rechtlichen Befugnis führte er, obwohl er nicht das Amt des Zensors innehatte, dreimal eine Volkszählung durch, die erste und dritte zusammen mit einem Amtskollegen, die zweite allein.[81]

28 (1) Zweimal hat Augustus daran gedacht, die Staatsmacht aus den Händen zu geben: das erste Mal sofort nachdem er Antonius niedergerungen hatte, wobei er sich an dessen oftmaligen Vorwurf erinnerte, er selbst stehe sozusagen der Wiederherstellung der ehemaligen Staatsform im Wege; das zweite Mal, als er, zermürbt von einer langwierigen Krankheit, sogar die Beamten und den Senat in sein Haus kommen ließ und ihnen das Staatshaushaltsbuch aushändigte. Aber er trug auch der Tatsache Rechnung, daß er als Privatmann nicht ohne Gefahr leben werde und daß es unüberlegt sei, den Staat der Willkür einer Vielzahl von Personen auszuliefern; deshalb behielt er die Staatsmacht weiterhin, wobei schwer zu entscheiden ist, ob der Erfolg besser war oder die

an voluntate. (2) quam voluntatem, cum prae se identidem
ferret, quodam etiam edicto his verbis testatus est: ›ita mihi
salvam ac sospitem rem p. sistere in sua sede liceat atque eius
rei fructum percipere, quem peto, ut optimi status auctor
dicar et moriens ut feram mecum spem, mansura in vestigio
suo fundamenta rei p. quae iecero.‹ fecitque ipse se compo-
tem voti nisus omni modo, ne quem novi status paeni-
teret.
(3) Urbem neque pro maiestate imperii ornatam et inunda-
tionibus incendiisque obnoxiam excoluit adeo, ut iure sit
gloriatus ›marmoream se relinquere, quam latericiam accepisset‹. tutam vero, quantum provideri humana ratione
potuit, etiam in posterum praestitit. **29** (1) publica opera
plurima extruxit, e quibus vel praecipua: forum cum aede
Martis Ultoris, templum Apollinis in Palatio, aedem Tonan-
tis Iovis in Capitolio. fori extruendi causa fuit hominum et
iudiciorum multitudo, quae videbatur non sufficientibus
duobus etiam tertio indigere; itaque festinatius necdum per-
fecta Martis aede publicatum est cautumque, ut separatim in
eo publica iudicia et sortitiones iudicum fierent. (2) aedem
Martis bello Philippensi pro ultione paterna suscepto
voverat; sanxit ergo, ut de bellis triumphisque hic consulere-

Absicht. (2) Diese Absicht bekundete er zum wiederholten Male öffentlich und bezeugte sie auch in einem Edikt mit folgenden Worten: »Es möge mir vergönnt sein, den Staat auf eine gesunde und behütete Grundlage zu stellen und dafür den Erfolg zu verbuchen, nach dem ich strebe, nämlich Begründer der besten Verfassung genannt zu werden, und bei meinem Tode in mir die Hoffnung zu tragen, daß die Grundlagen des Staates, die ich geschaffen habe, stets erhalten bleiben werden.« Und er erleichterte selbst die Erfüllung seines Wunsches, indem er auf alle Art und Weise danach trachtete, daß niemandem die neuen Verhältnisse mißfielen.

(3) Rom, das nicht entsprechend der Würde des Reichs baulich ausgestattet und Überschwemmungen und Feuersbrünsten ausgesetzt war, hat er in einem solchen Maß verschönern lassen, daß er sich mit Recht rühmen konnte, »eine Stadt aus Marmor zu hinterlassen, wo er eine aus Ziegeln übernommen hatte«. Er sicherte die Stadt, so weit nach menschlichem Ermessen Vorsichtsmaßregeln getroffen werden konnten, sogar für die Zukunft. **29** (1) Er errichtete sehr viele öffentliche Bauwerke, deren bedeutendste die folgenden sind: ein Forum mit dem Tempel des Mars Ultor, der Apollotempel auf dem Palatin, der Tempel des Iupiter Tonans auf dem Kapitol. Der Grund für die Errichtung eines Forums war die große Anzahl von Menschen und Prozessen, die noch ein drittes[82] Forum zu benötigen schienen, da zwei nicht mehr ausreichten; daher wurde es recht eilig, während der Marstempel noch nicht vollendet war, für die Öffentlichkeit freigegeben, und es wurde Vorsorge getroffen, daß auf ihm öffentliche Prozesse und Auslosungen der Richter gesondert stattfinden sollten. (2) Den Marstempel hatte er gelobt, als er den Krieg von Philippi zur Rache für seinen Vater aufgenommen hatte;[83] er beschloß daher, daß sich der Senat an dieser Stelle über Kriege und Triumphe berate, daß von dort diejenigen aufbrechen sollten, die, mit ihrem Kommando ausgestattet, die Amtsge-

tur senatus, provincias cum imperio petituri hinc deducerentur, quique victores redissent, huc insignia triumphorum
conferrent. (3) templum Apollinis in ea parte Palatinae
domus excitavit, quam fulmine ictam desiderari a deo haruspices pronuntiarant; addidit porticus cum bibliotheca
Latina Graecaque, quo loco iam senior saepe etiam senatum
habuit decuriasque iudicum recognovit. Tonanti Iovi aedem
consecravit liberatus periculo, cum expeditione Cantabrica
per nocturnum iter lecticam eius fulgur praestrinxisset servumque praelucentem exanimasset. (4) quaedam etiam opera
sub nomine alieno, nepotum scilicet et uxoris sororisque
fecit, ut porticum basilicamque Gai et Luci, item porticus
Liviae et Octaviae theatrumque Marcelli. sed et ceteros
principes viros saepe hortatus est, ut pro facultate quisque
monimentis vel novis vel refectis et excultis urbem adornarent. (5) multaque a multis tunc extructa sunt, sicut a Marcio
Philippo aedes Herculis Musarum, a L. Cornificio aedes
Dianae, ab Asinio Pollione atrium Libertatis, a Munatio
Planco aedes Saturni, a Cornelio Balbo theatrum, a Statilio
Tauro amphitheatrum, a M. vero Agrippa complura et
egregia.
30 (1) Spatium urbis in regiones vicosque divisit instituitque,
ut illas annui magistratus sortito tuerentur, hos magistri e
plebe cuiusque viciniae lecti. adversus incendia excubias
nocturnas vigilesque commentus est; ad coercendas inunda-

schäfte in den Provinzen aufnehmen wollten, und daß hierhin die als Sieger Zurückkehrenden die Abzeichen der Triumphe bringen sollten. (3) Den Tempel des Apollo ließ er in dem Teil seines Hauses auf dem Palatin erstehen, in den der Blitz eingeschlagen hatte, und den sich der Gott wünschte – wie die Eingeweideschauer verkündet hatten; daran anschließend ließ er Säulenhallen mit einer lateinischen und griechischen Bibliothek errichten, wo er, als er älter war, auch Senatssitzungen abzuhalten pflegte und verschiedene Klassen von Richtern überprüfte. Dem Iupiter Tonans weihte er einen Tempel für seine Rettung aus Gefahr, da auf dem Feldzug in Cantabrien bei einem nächtlichen Marsch seine Sänfte vom Blitz gestreift und der Sklave, der ihm das Licht vorantrug, getötet worden war. (4) Einige Bauwerke ließ er auch im Namen anderer errichten, zum Beispiel seiner Enkel, seiner Gattin und seiner Schwester, wie die Säulenhalle und die Basilika des Gaius und Lucius; desgleichen die Säulenhallen der Livia und Octavia und das Theater des Marcellus. Aber er forderte häufig auch die übrigen führenden Männer Roms auf, es solle ein jeder entsprechend seinen Möglichkeiten die Stadt schmücken, entweder durch neue oder durch die Wiederherstellung und Pflege alter Denkmäler. (5) Und zahlreiche Bauten wurden damals von vielen errichtet, wie zum Beispiel von Marcius Philippus der Tempel des Herkules der Musen, von L. Cornificius der Tempel der Diana, von Asinius Pollio die Halle der Freiheitsgöttin, von Munatius Plancus der Tempel des Saturn, von Cornelius Balbus ein Theater, von Statilius Taurus ein Amphitheater und von M. Agrippa gar mehrere und vortreffliche Bauten.

30 (1) Das Stadtgebiet teilte er in Bezirke und Stadtteile ein und traf folgende Anordnung: Über die Bezirke sollten jährlich durch das Los bestimmte Beamte Aufsicht führen, über die Stadtteile Vorsteher, die von der Bevölkerung eines jeden Stadtteils gewählt wurden. Gegen Feuersbrünste setzte er nächtliche Wachposten und Feuerwehrleute ein;

tiones alveum Tiberis laxavit ac repurgavit completum olim ruderibus et aedificiorum prolationibus coartatum. quo autem facilius undique urbs adiretur, desumpta sibi Flaminia via Arimino tenus munienda reliquas triumphalibus viris ex manubiali pecunia sternendas distribuit.

(2) Aedes sacras vetustate conlapsas aut incendio absumptas refecit easque et ceteras opulentissimis donis adornavit, ut qui in cellam Capitolini Iovis sedecim milia pondo auri gemmasque ac margaritas quingenties sestertium una donatione contulerit. 31 (1) postquam vero pontificatum maximum, quem numquam vivo Lepido auferre sustinuerat, mortuo demum suscepit, quidquid fatidicorum librorum Graeci Latinique generis nullis vel parum idoneis auctoribus vulgo ferebatur, supra duo milia contracta undique cremavit ac solos retinuit Sibyllinos, hos quoque dilectu habito; condiditque duobus forulis auratis sub Palatini Apollinis basi. (2) annum a Divo Iulio ordinatum, sed postea neglegentia conturbatum atque confusum, rursus ad pristinam rationem redegit; in cuius ordinatione Sextilem mensem e suo cognomine nuncupavit magis quam Septembrem quo erat natus, quod hoc sibi et primus consulatus et insignes victoriae optigissent. (3) sacerdotum et numerum et dignitatem sed et commoda auxit, praecipue Vestalium virginum. cumque in demortuae locum aliam capi oporteret ambirent-

um die Überschwemmungen unter Kontrolle zu bringen, ließ er das Tiberbett verbreitern und reinigen, das schon lange mit Schutt gefüllt und durch Gebäudeerweiterungen eingeengt worden war. Damit aber die Stadt von allen Seiten leichter zu erreichen sei, übernahm er selbst den Ausbau der Flaminia Via bis nach Ariminum[84] und verteilte auf die Triumphatoren die übrigen Straßen, die sie aus dem Geld ihres Beuteanteils pflastern lassen mußten.

(2) Sakralbauten, die durch ihr Alter verfallen oder von Feuersbrunst vernichtet waren, ließ er wiederherstellen und stattete diese und die übrigen mit besonders reichen Geschenken aus; so brachte er etwa für die Cella des Iupiter Capitolinus sechzehntausend Pfund Gold, Edelsteine und Perlen im Wert von fünfzig Millionen Sesterzen in einer einzigen Schenkung auf. **31** (1) Als aber Augustus das höchste Priesteramt, das er zu Lebzeiten des Lepidus diesem nicht hatte nehmen wollen, nach dessen Tod endlich bekleidete, ließ er alles, was an griechischen und lateinischen Orakelbüchern – sei es von unbekannten oder von unzuverlässigen Verfassern – in Mengen vorhanden war, zusammentragen, über zweitausend Bände, und verbrannte sie; lediglich die Sibyllinischen Bücher[85] behielt er zurück, und auch unter diesen traf er noch eine Auswahl und verbarg sie in zwei vergoldeten Bücherschränken unter der Statue des Palatinischen Apollo. (2) Den vom göttlichen Iulius [Caesar] neu geregelten Kalender, der aber später durch Nachlässigkeit in sehr große Unordnung geraten war, brachte er wieder in die frühere Ordnung. Bei der Neuregelung verlieh er dem Monat Sextilis seinen Beinamen [Augustus] und zog dabei diesen Monat dem September vor, in dem er geboren war, weil er im August sowohl das erste Konsulat als auch bedeutende Siege errungen hatte. (3) Die Zahl und die Würde der Priesterstellen, aber auch die finanziellen Vergünstigungen erhöhte er, insbesondere die der Vestalischen Jungfrauen. Und als es notwendig wurde, für eine verstorbene Priesterin eine Nachfolgerin zu bestimmen, und viele

que multi ne filias in sortem darent, adiuravit, si cuiusquam
neptium suarum competeret aetas, oblaturum se fuisse eam.
(4) nonnulla etiam ex antiquis caerimonis paulatim abolita
restituit, ut Salutis augurium, Diale flamonium, sacrum
Lupercale, ludos Saeculares et Compitalicios. Lupercalibus
vetuit currere inberbes, item Saecularibus ludis iuvenes
utriusque sexus prohibuit ullum nocturnum spectaculum
frequentare nisi cum aliquo maiore natu propinquorum.
Compitales Lares ornari bis anno instituit vernis floribus et
aestiuis.
(5) Proximum a dis immortalibus honorem memoriae
ducum praestitit, qui imperium p. R. ex minimo maximum
reddidissent. itaque et opera cuiusque manentibus titulis
restituit et statuas omnium triumphali effigie in utraque fori
sui porticu dedicavit, professus e[s]t edicto: ›commentum id
se, ut ad illorum ⟨...⟩ velut ad exemplar et ipse, dum
viveret, et insequentium aetatium principes exigerentur a
civibus.‹ Pompei quoque statuam contra theatri eius regiam
marmoreo Iano superposuit translatam e curia, in qua C.
Caesar fuerat occisus.
32 (1) Pleraque pessimi exempli in perniciem publicam aut ex
consuetudine licentiaque bellorum civilium duraverant aut

Eltern darum nachsuchten, daß ihre Töchter von der Auslo-
sung verschont blieben, gab Augustus die eidliche Versiche-
rung, daß er, wenn eine seiner Enkelinnen das vorgeschrie-
bene Alter erreicht hätte, diese von sich aus vorschlagen
werde. (4) Er setzte sogar einige alte Zeremonien, die nach
und nach abgeschafft worden waren, wieder neu ein, wie
zum Beispiel das Augurium[86] für das Wohl des Staates, das
Amt des Iupiterpriesters, das Luperkalienfest[87], die Jahr-
hundertspiele[88] und das Kompitalienfest[89]. Beim Luperkalienfest verbot er es jungen Männern, die noch keinen Bart
hatten, am Festlauf teilzunehmen; ebenso untersagte er jungen Leuten beiderlei Geschlechts, an den Hundertjahrspielen ein nächtliches Schauspiel zu besuchen, wenn sie nicht
von einem älteren Verwandten begleitet waren. Ferner verordnete er, daß an den Straßenkreuzungen die Schutzgott-
heiten der Verstorbenen zweimal im Jahr mit Frühlings- und
Sommerblumen geschmückt werden sollten.
(5) Nächst den unsterblichen Göttern erwies Augustus
höchste Ehre dem Andenken an jene Feldherren, die das
Reich des römischen Volkes aus den bescheidensten Anfängen zum größten Herrschaftsgebiet gemacht hatten. Deshalb
ließ er unter Beibehaltung der Inschriften die Bauwerke
einer jeden Persönlichkeit wieder aufrichten und weihte
ihnen allen in den beiden Säulenhallen seines Forums Statuen, die sie als Triumphatoren darstellten; in einem Edikt
gab er öffentlich bekannt: »Ich trachte danach, daß ich, solange ich lebe, von den Bürgern gemäß dem Vorbild dieser
großen Männer beurteilt werde und ebenso die Kaiser der
folgenden Generationen.« Auch das Standbild des Pompeius
ließ er aus dem Rathaus, in dem C. Caesar ermordet worden war, fortschaffen und gegenüber der Säulenhalle des
Pompeiustheaters unter dem marmornen Ianusbogen aufstellen.
32 (1) Zum Verderben des Staates waren sehr viele Übel-
stände entweder als Folge von Gewöhnung und Willkür der
Bürgerkriege bestehen geblieben oder sogar erst während

per pacem etiam extiterant. nam et grassatorum plurimi palam se ferebant succincti ferro, quasi tuendi sui causa, et rapti per agros viatores sine discrimine liberi servique ergastulis possessorum supprimebantur, et plurimae factiones titulo collegi novi ad nullius non facinoris societatem coibant. igitur grassaturas dispositis per oportuna loca stationibus inhibuit, ergastula recognovit, collegia praeter antiqua et legitima dissolvit. (2) tabulas veterum aerari debitorum, vel praecipuam calumniandi materiam, ex[c]ussit; loca in urbe publica iuris ambigui possessoribus adiudicavit; diuturnorum reorum et ex quorum sordibus nihil aliud quam voluptas inimicis quaereretur nomina abolevit condicione proposita, ut si quem quis repetere vellet, par periculum poenae subiret. ne quod autem maleficium negotiumve inpunitate vel mora elaberetur, triginta amplius dies, qui honoraris ludis occupabantur, actui rerum accommodavit. (3) ad tris iudicum decurias quartam addidit ex inferiore censu, quae ducenariorum vocaretur iudicaretque de levioribus summis. iudices a tricensimo aetatis anno adlegit, id est

der Friedenszeit entstanden. Denn sehr viele Wegelagerer
traten in aller Öffentlichkeit mit einem Schwert an der Seite
auf, geradezu als ob sie sich schützen müßten, und auf
Landwegen wurden Reisende, ohne Unterschied, ob es sich
um Freie oder Sklaven handelte, ausgeraubt und verschwan-
den in den Arbeitshäusern der Großgrundbesitzer. Darüber
hinaus bildeten sich unter dem Namen einer neuen Genos-
senschaft zahlreiche Vereinigungen heraus, deren Zweck
darin bestand, alle nur denkbaren Verbrechen zu begehen.
Deshalb gebot Augustus dadurch, daß er an geeigneten
Plätzen Wachen aufstellte, der Wegelagerei Einhalt, unterzog die Arbeitshäuser einer genauen Kontrolle und löste die
Genossenschaften mit Ausnahme der alten und rechtmäßi-
gen auf. (2) Die Urkunden alter Schuldner der Staatskasse
ließ Augustus dabei als brisanten Stoff für Verleumdungen
vernichten; öffentliche Immobilien, deren Besitzverhältnisse
strittig waren, erkannte er den ursprünglichen Eigentümern
zu. Die Namen derer, die bereits seit sehr langer Zeit auf der
Anklagebank saßen und deren erbärmliche Lage den Geg-
nern nichts als Vergnügen bereitete, ließ er streichen; darüber hinaus bestimmte er, daß demjenigen, der einen dieser
Leute erneut vor Gericht stelle, im Falle der Abweisung
seiner Klage eben die Strafe auferlegt werden solle, die für
den Angeklagten bei einer Verurteilung festgesetzt worden
wäre. Damit aber kein Verbrechen und kein Geschäft unge-
sühnt bleiben oder sich zu sehr in die Länge ziehen könne,
erließ er die Verordnung, daß mehr als dreißig Tage für
Prozesse anzusetzen seien, die üblicherweise für Spiele vorgesehen waren und an denen keine Gerichtsverhandlungen
stattfanden. (3) Den drei Klassen von Richtern fügte er eine
vierte hinzu, die sich aus Richtern einer geringeren Vermö-
gensklasse zusammensetzte; diese wurde daher die Klasse
der zweihundert genannt und war mit Prozessen befaßt, in
denen es um geringere Streitsummen ging. Zu Richtern
verpflichtete er Personen, die das dreißigste Lebensjahr
erreicht hatten, das heißt fünf Jahre früher, als es sonst

quinquennio maturius quam solebant. ac plerisque iudicandi
munus detractantibus vix concessit, ut singulis decuriis per
vices annua vacatio esset et ut solitae agi Novembri ac
Decembri mense res omitterentur. **33** (1) ipse ius dixit
assidue et in noctem nonnumquam, si parum corpore vale-
ret, lectica pro tribunali collocata vel etiam domi cubans.
dixit autem ius non diligentia modo summa sed et lenitate,
siquidem manifesti parricidii reum, ne culleo insueretur,
quod non nisi confessi adficiuntur hac poena, ita fertur
interrogasse: ›certe patrem tuum non occidisti?‹ (2) et cum
de falso testamento ageretur omnesque signatores lege Cor-
nelia tenerentur, non tantum duas tabellas, damnatoriam et
absolutoriam, simul cognoscentibus dedit, sed tertiam quoque, qua ignosceretur iis, quos fraude ad signandum vel
errore inductos constitisset. (3) appellationes quotannis
urbanorum quidem litigatorum praetori delegabat urbano,
at provincialium consularibus viris, quos singulos cuiusque
provinciae negotiis praeposuisset.
34 (1) Leges retractavit et quasdam ex integro sanxit, ut
sumptuariam et de adulteriis et de pudicitia, de ambitu, de
maritandis ordinibus. hanc cum aliquanto severius quam

üblich war. Und angesichts der Tatsache, daß sehr viele das
Richteramt ablehnten, machte er, wenn auch widerstrebend,
das Zugeständnis, daß die einzelnen Richterklassen abwechselnd ein Jahr lang von ihrer Tätigkeit freigestellt werden
und daß in den Monaten November und Dezember die
Amtsgeschäfte ruhen sollten. **33** (1) Augustus sprach selbst
unablässig Recht, manchmal sogar bis in die Nacht hinein;
wenn er sich zu schwach fühlte, tat er dies von einer Sänfte
aus, die vor der Richtertribüne aufgestellt war, oder sogar in
seinem Haus von seinem Lager aus. Recht sprach er aber
nicht nur mit allergrößter Sorgfalt, sondern auch mit großer
Milde; einen Angeklagten, der eines offensichtlichen Vater-
mordes bezichtigt wurde, soll Augustus, um ihm die Ver-
meidung der Todesstrafe durch Ertränken im Sack zu
ermöglichen, die nur bei einem Geständnis verhängt wurde,
die Frage gestellt haben: »Gewiß hast du deinen Vater nicht
ermordet?« (2) Und als einmal wegen einer Testaments-
fälschung verhandelt wurde und alle, die ihre Unterschrift
geleistet hatten, gegen die Bestimmungen des Cornelischen
Gesetzes[90] verstoßen hatten, gab er denen, die mit ihm als
Untersuchungsrichter tätig waren, nicht nur zwei Stimm-
täfelchen für Verurteilung und Freispruch, sondern noch ein
drittes, mit dem sie diejenigen begnadigen konnten, die
erwiesenermaßen einem Betrug zum Opfer gefallen oder
einem Irrtum erlegen waren. (3) Die Berufungen hat er, falls
die Prozeßführer ihren Wohnsitz in Rom hatten, in die
Verantwortung des Stadtprätors gelegt, solche der Provin-
zialen in die Verantwortung ehemaliger Konsuln, wobei er
jeweils einem die Rechtsfälle in einer jeden Provinz zu-
wies.
34 (1) Gesetze hat Augustus nach eingehender Prüfung
verändert und einige neue eingeführt: etwa das Luxusgesetz,
das Gesetz über Ehebruch und über Verletzung der Sittsam-
keit, über Amtserschleichung und über die Eheordnung in
den Ständen. Da er dies letztere Gesetz hinsichtlich des
Strafmaßes ein wenig strenger formulierte als die übrigen,

ceteras emendasset, prae tumultu recusantium perferre non
potuit nisi adempta demum lenitave parte poenarum et
vacatione trienni data auctisque praemiis. (2) sic quoque
abolitionem eius publico spectaculo pertinaciter postulante
equite, accitos Germanici liberos receptosque partim ad se
partim in patris gremium ostentavit, manu vultuque significans ne gravarentur imitari iuvenis exemplum. cumque etiam
inmaturitate sponsarum et matrimoniorum crebra mutatione
vim legis eludi sentiret, tempus sponsas habendi coartavit,
divortiis modum imposuit.

35 (1) Senatorum affluentem numerum deformi et incondita
turba – erant enim super mille, et quidam indignissimi et
post necem Caesaris per gratiam et praemium adlecti, quos
orcivos vulgus vocabat – ad modum pristinum et splendorem redegit duabus lectionibus: prima ipsorum arbitratu,
quo vir virum legit, secunda suo et Agrippae; quo tempore
existimatur lorica sub veste munitus ferroque cinctus praesedisse decem valentissimis senatorii ordinis amicis sellam
suam circumstantibus. (2) Cordus Cremutius scribit ne
admissum quidem tunc quemquam senatorum nisi solum et

vermochte er es angesichts der unüberhörbaren Proteste nur
unter der Voraussetzung durchzusetzen, daß er schließlich
einen Teil der Strafen aufhob oder milderte sowie für die
Wiederverheiratung eine Frist von drei Jahren gewährte und
schließlich die Belohnungen erhöhte. (2) Als der Ritterstand
während eines öffentlichen Schauspiels auch die Aufhebung
dieses Gesetzes hartnäckig forderte, ließ er die Kinder des
Germanicus[91] herbeiholen, nahm sie teils selbst auf den
Arm, teils setzte er sie auf den Schoß des Vaters, und zeigte
sie so in aller Öffentlichkeit; durch Gestik und Mimik
bedeutete er, daß man es nicht als bedrückend empfinden
solle, dem Beispiel dieses jungen Mannes zu folgen. Und
weil Augustus einsah, daß man durch Verlobung mit noch
nicht heiratsfähigen Mädchen und durch häufigen Wechsel
der Ehe die Wirksamkeit des Gesetzes vereitelte, verkürzte
er die Dauer der Verlöbnisse und erließ Verordnungen,
welche die Ehescheidungen regelten.
35 (1) Den Senat, der durch ungewöhnlich hohe Zahl seiner
Mitglieder zu einem ungestalten und ungeordneten Haufen
degeneriert war – es gab nämlich über tausend Senatoren,
unter ihnen einige ganz und gar unwürdige, die nach der
Ermordung Caesars durch Protektion und Bestechung Aufnahme im Senat gefunden hatten, welche die Öffentlichkeit
als »Orkusmitglieder« bezeichnete –, führte Augustus auf
die ursprünglich festgesetzte Zahl der Mitglieder zurück und
verlieh ihm wieder den alten Glanz durch zweimalige Über-
prüfung der Senatorenliste: die erste nahmen die Senatoren
selbst nach eigenem Ermessen vor, wobei jedes Mitglied ein
anderes durch Wahl bestimmte, die zweite führten Augustus
persönlich und Agrippa durch. Bei dieser Aktion soll er
unter seinem Gewand ein Panzerhemd getragen haben und
mit einem Schwert am Gürtel den Vorsitz übernommen
haben, während sich um seinen Amtsstuhl zehn außergewöhnlich kräftige Freunde scharten, die dem Ritterstand
angehörten. (2) Cordus Cremutius[92] schreibt, es sei damals
nur demjenigen Senator Zutritt gewährt worden, der allein

praetemptato sinu. quosdam ad excusandi se verecundiam
compulit servavitque etiam excusantibus insigne vestis et
spectandi in orchestra epulandique publice ius. (3) quo
autem lecti probatique et religiosius et minore molestia
senatoria munera fungerentur, sanxit, ut prius quam consi-
deret quisque ture ac mero supplicaret apud aram eius dei, in
cuius templo coiretur, et ne plus quam bis in mense legiti-
mus senatus ageretur, Kalendis et Idibus, neve Septembri
Octobrive mense ullos adesse alios necesse esset quam sorte
ductos, per quorum numerum decreta confici possent;
sibique instituit consilia sortiri semestria, cum quibus de
negotiis ad frequentem senatum referendis ante tractaret.
(4) sententias de maiore negotio non more atque ordine sed
prout libuisset perrogabat, ut perinde quisque animum
intenderet ac si censendum magis quam adsentiendum
esset.

36 Auctor et aliarum rerum fuit, in quis: ne acta senatus
publicarentur, ne magistratus deposito honore statim in
provincias mitterentur, ut proconsulibus ad mulos et taber-
nacula, quae publice locari solebant, certa pecunia constitueretur, ut cura aerari a quaestoribus urbanis ad praetorios

war und dessen Toga zuvor einer genauen Durchsuchung unterzogen worden war. Einige Senatoren zwang Augustus zur Wahrung ihres Ansehens zum Rücktritt und gestattete ihnen dafür, weiterhin das Senatorengewand zu tragen, im Theater einen Ehrenplatz einzunehmen und an den öffentlichen Festessen teilzunehmen. (3) Damit aber die ausgewählten und von Augustus bestätigten Senatoren ihre beruflichen Aufgaben um so frommer, aber mit zeitlich geringerem Aufwand erfüllen konnten, legte er fest, daß ein jeder, bevor er seinen Platz einnahm, am Altar des Gottes, in dessen Tempel die Zusammenkunft abgehalten wurde, unter Opferung von Weihrauch und reinem Wein die Götter anflehen und daß sich der Senat nicht öfter als zweimal im Monat versammeln solle, nämlich am ersten und fünfzehnten, und daß im September und Oktober nur so viele durch das Los zu bestimmende Senatoren anwesend sein mußten, daß sie rechtmäßige Beschlüsse fassen konnten. Zum eigenen Vorteil richtete er einen durchs Los zu bestimmenden, halbjährlich tagenden Ausschuß ein, mit dem er Geschäfte durchsprechen konnte, bevor sie dem gesamten Senat vorgelegt wurden. (4) Die Ansichten über eine besonders bedeutungsvolle Angelegenheit holte er nicht in der üblichen Reihenfolge ein, sondern wie es ihm gerade beliebte, damit auf diese Weise ein jeder ständig aufmerksam an der Beratung teilnahm; für Augustus war es wichtiger, daß sich die Senatoren ein eigenes Urteil bildeten, als daß sie lediglich ihre Zustimmung gaben.

36 Augustus war auch bei anderen Unternehmungen Initiator, unter anderem bei folgenden: Er erließ das Verbot, die Senatsprotokolle zu veröffentlichen und die Beamten sofort nach Beendigung ihrer Amtszeit in die Provinzen zu entsenden; hingegen verordnete er, daß den Prokonsularen für die Beschaffung von Mauleseln und Zelten, die zuvor gewöhnlich aus öffentlichen Mitteln erfolgt war, lediglich eine festgesetzte Summe gewährt wurde; sodann, daß die Aufsicht über die Staatskasse von den städtischen Quaestoren auf die

praetoresve transiret, ut centumviralem hastam quam quaesturam functi consuerant cogere decemviri cogerent. **37** quoque plures partem administrandae rei p. caperent, nova officia excogitavit: curam operum publicorum, viarum, aquarum, alvei Tiberis, frumenti populo dividundi, praefecturam urbis, triumviratum legendi senatus et alterum recognoscendi turmas equitum, quotiensque opus esset. censores creari desitos longo intervallo creavit. numerum praetorum auxit. exegit etiam, ut quotiens consulatus sibi daretur, binos pro singulis collegas haberet, nec optinuit, reclamantibus cunctis satis maiestatem eius imminui, quod honorem eum non solus sed cum altero gereret. **38** (1) nec parcior in bellica virtute honoranda, super triginta ducibus iustos triumphos et aliquanto pluribus triumphalia ornamenta decernenda curavit.

(2) Liberis senatorum, quo celerius rei p. assuescerent, protinus virili toga latum clavum induere et curiae interesse permisit militiamque auspicantibus non tribunatum modo legionum, sed et praefecturas alarum dedit; ac ne qui expers castrorum esset, binos plerumque laticlavios praeposuit singulis alis.

(3) Equitum turmas frequenter recognovit, post longam intercapedinem reducto more travectionis. sed neque detrahi quemquam in travehendo ab accusatore passus est, quod

ehemaligen oder amtierenden Prätoren überging; und
schließlich, daß das Hundertmännergericht[93], für das zuvor
ehemalige Quaestoren verantwortlich zu sein pflegten, in
den Amtsbereich der Zehnmänner überging. **37** Damit sich
noch mehr Personen an der Verwaltung des Staates beteilig-
ten, erfand Augustus neue Ämter: eine Aufsicht über öffentliche Bauten, über die Wege und Wasserleitungen, über die
Reinhaltung des Tibers, über die Getreideverteilung an das
Volk, eine Stadtpräfektur, ein Triumvirat für die Senatoren-
wahl und ein weiteres zur Prüfung der Reiterabteilungen,
sooft sich die Notwendigkeit dazu ergab. Er ließ Zensoren
wählen, was lange Zeit nicht mehr geschehen war. Die Zahl
der Prätoren erhöhte er. Er stellte auch die Forderung, daß
er, sooft ihm das Konsulat angetragen werde, je zwei anstatt
nur eines Kollegen zur Seite habe; diese Forderung vermochte er nicht durchzusetzen, da alle laut Widerspruch
einlegten; sein Ansehen sei bereits dadurch geschmälert, daß
er dies Ehrenamt nicht allein, sondern mit einem zweiten
Kollegen ausübe. **38** (1) Und nicht zurückhaltender gab er
sich auch bei der Belohnung von Tapferkeit im Kampf und
ließ über dreißig Feldherrn richtige Triumphe und einer
weitaus größeren Anzahl Triumphabzeichen zuerkennen.
(2) Damit sich die Kinder von Senatoren um so schneller für
eine Tätigkeit im Staatsdienst entschieden, erlaubte er ihnen
sogleich nach Erhalt der Tracht des erwachsenen Mannes das
Senatorengewand anzulegen und an den Senatssitzungen
teilzunehmen; und denen, die eine Aufgabe im Heeresdienst
übernehmen wollten, gab er nicht nur eine Stelle als
Legionstribun, sondern auch als Führer einer Reiterschwa-
dron. Und damit niemand ohne Erfahrung im Militärdienst
sei, stellte er meist je zwei Senatoren an die Spitze einer
Schwadron.
(3) Die Ritterabteilungen unterzog er häufig einer Prüfung,
nachdem er die Sitte der Musterung nach langer Unterbrechung wieder eingeführt hatte. Er duldete aber nicht, daß
irgend jemand im Verlauf der Musterung von einem Anklä-

fieri solebat, et senio vel aliqua corporis labe insignibus permisit, praemisso in ordine equo, ad respondendum quotiens citarentur pedibus venire; mox reddendi equi gratiam fecit eis, qui maiores annorum quinque et triginta retinere eum nollent; **39** impetratisque a senatu decem adiutoribus unum quemque equitum rationem vitae reddere coegit atque in exprobratis alios poena, alios ignominia notavit, plures admonitione, sed varia. lenissimum genus admonitionis fuit traditio coram pugillarium, quos taciti et ibidem statim legerent; notavitque aliquos, quod pecunias levioribus usuris mutuati graviore faenore collocassent. **40** (1) ac comitiis tribuniciis si deessent candidati senatores, ex equitibus R. creavit, ita ut potestate transacta in utro vellent ordine manerent. cum autem plerique equitum attrito bellis civilibus patrimonio spectare ludos e quattuordecim non auderent metu poenae theatralis, pronuntiavit non teneri ea, quibus ipsis parentibusve equester census umquam fuisset.

(2) Populi recensum vicatim egit, ac ne plebs frumentationum causa frequentius ab negotiis avocaretur, ter in annum quaternum mensium tesseras dare destinavit; sed

ger vom Pferd gezogen wurde, wie es sonst zu geschehen
pflegte; und den Älteren oder denen, die durch ein körper-
liches Gebrechen so geschwächt waren, daß sie nicht reiten
konnten, erlaubte er, das Pferd während der Parade in der
Reihe vor sich herzuführen und sooft sie namentlich aufge-
rufen wurden, zu Fuß zu kommen; bald darauf erwies er
denen, die älter als fünfunddreißig Jahre waren, die Gefällig-
keit, das Pferd abzugeben, wenn sie es nicht mehr behalten
wollten. **39** Nachdem er vom Senat zehn Helfer gefordert
hatte, zwang er einen jeden Ritter, einen Rechenschaftsbericht über seine Lebensführung abzugeben; und gegen die,
bei denen er Grund zur Klage hatte, verordnete er teils
Geld-, teils Ehrenstrafen, meistens aber sprach er Verwar-
nungen aus auf ganz verschiedene Art und Weise. Die
mildeste Art der Ermahnung bestand in der öffentlichen
Übergabe einer Schreibtafel, die schweigend an Ort und
Stelle sofort gelesen werden mußte. Er tadelte auch einige,
die Geld, das sie zu einem niedrigen Zinsfuß entliehen, zu
einem höheren wieder weiterverliehen hatten. **40** (1) Und
wenn es bei den Wahlen der Volkstribunen[94] unter den
Senatoren an Bewerbern fehlte, wählte er sie aus den Angehörigen des römischen Ritterstandes aus, und zwar so, daß
sie nach Beendigung ihrer Amtszeit entscheiden konnten,
welchem Stand sie angehören wollten. Weil es aber die
meisten Ritter, nachdem ihr väterliches Vermögen in den
Bürgerkriegen aufgezehrt war, aus Furcht vor einer Strafe
wegen Übertretung des Theatergesetzes nicht wagten, von
den ersten vierzehn Rängen aus den Spielen beizuwohnen,
verkündete Augustus, daß die Gesetzesbestimmung nicht
bei denen anzuwenden sei, die selbst oder deren Väter einst
über das für den Ritterstand notwendige Mindestvermögen
verfügt hätten.

(2) Die Volkszählung[95] führte er straßenweise durch, und
damit das Volk nicht zu häufig wegen der Getreideverteil-
lung von den Geschäften abgelenkt werde, legte er fest, daß
dreimal jährlich Marken für den Bezug von Getreide auf

desideranti consuetudinem veterem concessit rursus, ut sui cuiusque mensis acciperet. comitiorum quoque pristinum ius reduxit ac multiplici poena coercito ambitu, Fabianis et Scapt⟨i⟩ensibus tribu⟨li⟩bus suis die comitiorum, ne quid a quoquam candidato desiderarent, singula milia nummum a se dividebat.

(3) Magni praeterea existimans sincerum atque ab omni colluvione peregrini ac servilis sanguinis incorruptum servare populum, et civitates Romanas parcissime dedit et manumittendi modum terminavit. Tiberio pro cliente Graeco petenti rescripsit, non aliter se daturum, quam si praesens sibi persuasisset, quam iustas petendi causas haberet; et Liviae pro quodam tributario Gallo roganti civitatem negavit, immunitatem optulit affirmans facilius se passurum fisco detrahi aliquid, quam civitatis Romanae vulgari honorem.

(4) servos non contentus multis difficultatibus a libertate et multo pluribus a libertate iusta removisse, cum et de numero et de condicione ac differentia eorum, qui manumitterentur, curiose cavisset, hoc quoque adiecit, ne vinctus umquam tortusve quis ullo libertatis genere civitatem adipisceretur.

(5) Etiam habitum vestitumque pristinum reducere studuit,

jeweils vier Monate ausgegeben werden sollten; weil das Volk aber die altgewohnte Regelung wünschte, erlaubte er wieder, daß ein jeder seinen Anteil monatlich erhielt. Er führte auch das alte Recht der Wahlversammlungen wieder ein und suchte den Stimmenkauf durch vielfältige Strafen einzugrenzen, ließ an die Bewohner der Fabischen und Scaptischen Stadtbezirke, als deren Mitglied er gezählt wurde, jeweils tausend Sesterzen aus seinem Privatvermögen verteilen, damit sie es nicht nötig hatten, das Geld irgendeines Bewerbers anzunehmen.

(3) Für wichtig hielt er es außerdem, das Volk von jeder Blutsvermischung mit Angehörigen fremder Völker oder Sklaven rein und unverfälscht zu erhalten; das römische Bürgerrecht verlieh er daher äußerst sparsam und schränkte die Anzahl der Freilassungen ein. An Tiberius[96], der sich für die Freilassung eines griechischen Klienten einsetzte, schrieb er zurück, er werde das Bürgerrecht nur dann verleihen, wenn dieser ihn persönlich davon überzeugen könne, daß er berechtigte Gründe für sein Ersuchen habe; und Livia, die für einen abgabepflichtigen Gallier das Bürgerrecht erbat, erfüllte er den Wunsch nicht, machte ihr jedoch das Angebot, ihm Abgabefreiheit zu gewähren, und erklärte zugleich, er werde es eher ertragen, daß der Staatskasse ein bestimmter Geldbetrag entzogen werde, als daß man das römische Bürgerrecht allen zukommen lasse. (4) Er gab sich nicht damit zufrieden, den Sklaven bei ihren Bemühungen um die Freilassung große Schwierigkeiten und bei denen um das volle Bürgerrecht noch größere zu machen, indem er bezüglich der Zahl, der Bedingung und der unterschiedlichen Behandlung derer, die freigelassen werden sollten, sehr sorgfältige Vorsichtsmaßregeln getroffen hatte; darüber hinaus erließ er die Verfügung, daß niemand, der jemals inhaftiert oder gefoltert worden war, durch irgendeine Form der Freilassung das Bürgerrecht erlangen dürfe.

(5) Auch bemühte sich Augustus darum, die früheren Kleider und Gewänder wieder einzuführen, und als er einmal bei

ac visa quondam pro contione pullatorum turba indignabundus et clamitans: ›en

Romanos, rerum dominos, gentemque togatam!‹

negotium aedilibus dedit, ne quem posthac paterentur in foro circave nisi positis lacernis togatum consistere.
41 (1) Liberalitatem omnibus ordinibus per occasiones frequenter exhibuit. nam et invecta urbi Alexandrino triumpho regia gaza tantam copiam nummariae rei effecit, ut faenore deminuto plurimum agrorum pretiis accesserit, et postea, quotiens ex damnatorum bonis pecunia superflueret, usum eius gratuitum iis, qui cavere in duplum possent, ad certum tempus indulsit. senatorum censum ampliavit ac pro octingentorum milium summa duodecies sestertium taxavit supplevitque non habentibus. (2) congiaria populo frequenter dedit, sed diversae fere summae: modo quadringenos, modo trecenos, nonnumquam ducenos quinquagenosque nummos; ac ne minores quidem pueros praeteriit, quamvis non nisi ab undecimo aetatis anno accipere consuessent. frumentum quoque in annonae difficultatibus saepe levissimo, interdum nullo pretio viritim admensus est tesserasque nummarias duplicavit. **42** (1) sed ut salubrem magis quam ambitiosum principem scires, querentem de inopia et caritate vini populum severissima coercuit voce: ›satis provisum a genero suo Agrippa perductis pluribus aquis, ne homines sitirent.‹

einer Volksversammlung eine große Zahl von Teilnehmern in dunklen Mänteln erblickte, rief er empört aus: »Siehe da!

Die Römer, die Herren der Welt, und das togagewandete Volk!«[97]

Er gab den Ädilen den Auftrag, fortan nicht mehr zu dulden, daß irgend jemand auf dem Forum oder in dessen Nähe erschien, der nicht den Mantel abgelegt habe und die Toga trage.[98]

41 (1) Seine Freizügigkeit zeigte Augustus allen Ständen bei zahlreichen Gelegenheiten. Denn nachdem er beim Triumph über Alexandria den königlichen Schatz nach Rom gebracht hatte, kam dadurch eine solche Menge Geld in Umlauf, daß der Zinsfuß sank und die Grundstückspreise erheblich anstiegen. Und sooft später in der Staatskasse Geld aus dem Vermögen Verurteilter im Überfluß vorhanden war, überließ er es für einen bestimmten Zeitraum zinsfrei denen, welche die doppelte Sicherheit zu leisten imstande waren. Das Mindestvermögen der Senatoren erhöhte er, und zwar von 800000 auf 1200000 Sesterzen; denjenigen Senatoren, die nicht über diesen Betrag verfügten, zahlte er den noch ausstehenden Rest hinzu. (2) Spenden an das Volk gab er häufig, aber in der Regel unterschiedliche Beträge: bald vierhundert, bald dreihundert, manchmal zweihundertfünfzig Sesterzen pro Person; und er überging nicht einmal die jüngeren Kinder, obgleich sie in der Regel erst vom elften Lebensjahr an etwas bekamen. Bei Versorgungsschwierigkeiten im Getreidewesen verteilte er Getreide häufig zu einem sehr geringen Preis, zuweilen umsonst, an jeden und verdoppelte die Marken zum Erhalt von Geldzuwendungen.

42 (1) Daß er aber als ein Herrscher galt, dem das Wohl des Volkes mehr am Herzen lag als dessen Gunst, soll folgendes zeigen: als das Volk sich darüber beklagte, daß Mangel an Wein herrsche und der Preis zudem hoch sei, wies er es besonders streng zurecht: »Von meinem Schwiegersohn Agrippa ist durch die Errichtung mehrerer Wasserleitungen

(2) eidem populo promissum quidem congiarium reposcenti
›bonae se fidei‹ esse respondit; non promissum autem flagi-
tanti turpitudinem et impudentiam edicto exprobravit affir-
mavitque non daturum se quamvis dare destinaret. nec
minore gravitate atque constantia, cum proposito congiario
multos manumissos insertosque civium numero comperis-
set, negavit accepturos quibus promissum non esset, ceterisque minus quam promiserat dedit, ut destinata summa suffi-
ceret. (3) magna vero quondam sterilitate ac difficili remedio
cum venalicias et lanistarum familias peregrinosque omnes
exceptis medicis et praeceptoribus partimque servitiorum
urbe expulisset, ut tandem annona convaluit, impetum se
cepisse scribit frumentationes publicas in perpetuum ab-
olendi, quod earum fiducia cultura agrorum cessaret: neque
tamen perseverasse, quia certum haberet posse per ambitio-
nem quandoque restitui. atque ita postha[n]c rem tempera-
vit, ut non minorem aratorum ac negotiantium quam populi
rationem deduceret.

43 (1) Spectaculorum et assiduitate et varietate et magnifi-
centia omnes antecessit. fecisse se ludos ait suo nomine
quater, pro aliis magistratibus, qui aut abessent aut non
sufficerent, ter et vicies. fecitque nonnumquam etiam vica-

in ausreichendem Maße dafür gesorgt, daß die Menschen keinen Durst zu leiden brauchen.« (2) Als das Volk einmal eine ihm versprochene Spende mit Nachdruck forderte, antwortete er: »Ich stehe zu meinem Wort.« Als das Volk aber eine nicht versprochene Spende leidenschaftlich verlangte, hielt er dem Volk in einem Erlaß unverschämte Gemeinheit vor und versicherte, er werde die Spende nicht verteilen, obgleich dies in seiner Absicht gelegen habe. Und mit nicht geringerer Härte und Beharrlichkeit hat er, als er erfahren hatte, daß bei einer in Aussicht gestellten Geldspende viele Sklaven freigelassen und illegal in die Bürgerlisten eingetragen worden waren, erklärt, daß lediglich diejenigen etwas erhalten würden, denen es versprochen worden war, und den übrigen gab er weniger, als er versprochen hatte, damit die festgelegte Summe ausreichte. (3) Als einst eine große Mißernte war und sich Abhilfe als schwierig erwies, ließ er die für den Verkauf vorgesehenen Sklaven und die Truppen der Fechtmeister, dazu alle Ausländer mit Ausnahme der Ärzte und Lehrer, sowie einen Teil der Sklaven aus Rom ausweisen; sobald sich endlich die Versorgungslage entspannt hatte, habe er, wie er schreibt, den Entschluß gefaßt, die öffentlichen Getreidezuwendungen auf immer abzuschaffen, weil durch die Hoffnung darauf die Sorge um den Ackerbau nachlasse; aber dennoch sei er nicht bei seinem Vorhaben geblieben, weil er der festen Überzeugung gewesen sei, daß dieser Brauch wieder eingeführt werde, um die Gunst des Volkes zu gewinnen. Und später milderte er die Situation dadurch, daß er auf die Bauern und Händler in gleichem Maße Rücksicht nahm wie auf das Volk.

43 (1) Er übertraf alle seine Vorgänger an Zahl, Vielfalt und Prunk der Schauspiele. Er sagt, er habe in eigenem Namen viermal Spiele durchgeführt; für andere Beamten, die entweder von Rom abwesend waren oder nicht über die nötigen Geldmittel verfügten, dreiundzwanzig Spiele. Dies geschah manchmal auch in einzelnen Stadtteilen, und auf mehreren

tim ac pluribus scaenis per omnium linguarum histriones
⟨....⟩ non in foro modo, nec in amphitheatro, sed et in
circo et in Saeptis, et aliquando nihil praeter venationem
edidit; athletas quoque extructis in campo Martio sedilibus
ligneis; item navale proelium circa Tiberim cavato solo, in
quo nunc Caesarum nemus est. quibus diebus custodes in
urbe disposuit, ne raritate remanentium grassatoribus obno-
xia esset. (2) in circo aurigas cursoresque et confectores
ferarum, et nonnumquam ex nobilissima iuventute, produ-
xit. sed et Troiae lusum edidit frequentissime maiorum
minorumque puerorum, prisci decorique moris existimans
clarae stirpis indolem sic notescere. in hoc ludicro Nonium
Asprenatem lapsu debilitatum aureo torque donavit passus-
que est ipsum posterosque Torquati ferre cognomen. mox
finem fecit talia edendi Asinio Pollione oratore graviter
invidioseque in curia questo A⟨e⟩sernini nepotis sui casum,
qui et ipse crus fregerat.
(3) Ad scaenicas quoque et gladiatorias operas et equitibus
Romanis aliquando usus est, verum prius quam senatus
consulto interdiceretur. postea nihil sane praeterquam adu-
lescentulum Lycium honeste natum exhibuit, tantum ut
ostenderet, quod erat bipedali minor, librarum septemdecim
ac vocis immensae. (4) quodam autem muneris die Par-

Bühnen agierten Schauspieler aller Sprachen. [Gladiatoren-spiele][99] veranstaltete er nicht nur auf dem Forum und im Amphitheater, sondern auch im Circus und auf dem Platz, wo die Volksversammlungen abgehalten wurden; und einmal ließ er nichts als eine Jagd aufführen. Wettkämpfer ließ er auch auf dem Marsfeld auftreten, wo hölzerne Sitzreihen errichtet wurden; desgleichen wurde eine Seeschlacht arrangiert, in der Nähe des Tibers; aus diesem Grunde gab er den Auftrag, dort einen See auszuheben, wo sich jetzt der Park der Caesaren[100] befindet. An derartigen Festtagen verteilte er Wachen über die Stadt, damit sie nicht wegen der geringen Zahl derer, die zu Hause blieben, herumstreunenden Dieben schutzlos preisgegeben war. (2) Im Circus ließ er Wagenlenker, Wettläufer und Tierkämpfer auftreten, und manchmal nahmen junge Männer aus den ersten Adelsfamilien teil. Aber besonders häufig ließ er das Troiaspiel von größeren und kleineren Jungen aufführen, da er es für einen althergebrachten und passenden Brauch hielt, die Nachkommenschaft einer berühmten Familie auf diese Weise bekannt zu machen. Als bei einem derartigen Schauspiel Nonius Asprenas hinfiel und sich verletzte, schenkte Augustus ihm eine goldene Halskette (*torquis*) und erlaubte ihm und seinen Nachfahren, den Beinamen Torquatus zu tragen. Bald aber stellte er derartige Veranstaltungen ein, weil sich der Redner Asinius Pollio[101] im Senat heftig und erbittert über einen vergleichbaren Sturz seines Enkels Aeserninus beklagte, der sich dabei sogar das Bein gebrochen hatte.
(3) Einmal ließ er bei Theaterveranstaltungen und Gladiatorenkämpfen sogar römische Ritter auftreten, noch bevor dies durch einen Senatsbeschluß verboten wurde. In späterer Zeit stellte er nur noch einmal einen jungen Mann namens Lycius, der von edler Abstammung war, der Öffentlichkeit vor, aber nur um zu zeigen, daß dieser kleiner als zwei Fuß war und lediglich siebzehn römische Pfund wog, jedoch eine außergewöhnlich kräftige Stimme besaß. (4) An einem Tag, an dem ein öffentliches Schauspiel stattfand, gab er den

thorum obsides tunc primum missos per mediam harenam
ad spectaculum induxit superque se subsellio secundo collocavit. solebat etiam citra spectaculorum dies, si quando quid
invisitatum dignumque cognitu advectum esset, id extra
ordinem quolibet loco publicare, ut rhinocerotem apud
Saepta, tigrim in scaena, anguem quinquaginta cubitorum
pro comitio.

(5) Accidit votivis circensibus, ut correptus valitudine lectica
cubans tensas deduceret; rursus commissione ludorum, quibus theatrum Marcelli dedicabat, evenit ut laxatis sellae
curulis compagibus caderet supinus. nepotum quoque
suorum munere cum consternatum ruinae metu populum
retinere et confirmare nullo modo posset, transiit e loco suo
atque in ea parte consedit, quae suspecta maxime erat.

44 (1) Spectandi confusissimum ac solutissimum morem
correxit ordinavitque motus iniuria senatoris, quem Puteolis
per celeberrimos ludos consessu frequenti nemo receperat.
facto igitur decreto patrum ut, quotiens quid spectaculi
usquam publice ederetur, primus subselliorum ordo vacaret
senatoribus, Romae legatos liberarum sociarumque gentium
vetuit in orchestra sedere, cum quosdam etiam libertini

Auftrag, die Geiseln der Parther, die damals zum ersten Mal
nach Rom geschickt worden waren, mitten durch die Arena
dem Publikum vorzuführen, und hieß sie direkt vor seiner
Loge in der zweiten Reihe Platz zu nehmen. Gewöhnlich
stellte er auch an Tagen, an denen keine Schauspiele angesetzt waren, etwas bis zu diesem Tag nie Gesehenes oder
sonst Merkwürdiges an einer beliebigen Stelle in Rom der
Öffentlichkeit vor, wie zum Beispiel ein Rhinozeros an
dem Platz, wo Wahlen für die Volksversammlung abgehalten wurden, oder einen Tiger auf der Theaterbühne, eine
Schlange von fünfzig Ellen auf dem Comitium[102].

(5) Es ereignete sich bei Circusspielen, die Augustus feierlich
gelobt hatte, daß er, infolge eines plötzlich auftretenden
Schwächeanfalls, die Reihe der Götterwagen in der Sänfte
liegend eröffnen mußte; ein anderes Mal geschah es anläßlich
der Eröffnungsansprache zu den Spielen, mit denen das
Theater des Marcellus eingeweiht wurde, daß sich die Fugen
des Amtssessels lockerten und Augustus rücklings hinfiel.
Als das Volk im Verlaufe eines Schauspiels, das seine Enkel
veranstalteten, aus Furcht vor dem Einsturz der Tribünen in
Unruhe versetzt war und auf keine Art und Weise zurückgehalten oder beruhigt werden konnte, verließ Augustus seinen Platz und setzte sich dort hin, wo es besonders gefähr-
lich zu sein schien.

44 (1) Das äußerst ausgelassene, ja zügellose Verhalten der
Zuschauer bei den Schauspielen verbesserte er und erließ
genaue Verordnungen; Anlaß dazu war die Beleidigung, die
ein Senator erfahren mußte, als ihm bei einer sehr gut
besuchten Veranstaltung in Puteoli[103] von zahlreichen
Zuschauern niemand einen Platz anbot. Augustus erwirkte
daher einen Senatsbeschluß, der besagte, daß sooft irgendwo
ein Schauspiel in der Öffentlichkeit veranstaltet werde, die
Sitzreihe für Senatoren frei bleiben müsse, und in Rom
erteilte er Gesandten freier und verbündeter Völker das
Verbot, in der Orchestra Platz zu nehmen, da er in Erfahrung gebracht hatte, daß auch Freigelassene unter ihnen

generis mitti deprendisset. (2) militem secrevit a populo.
maritis e plebe proprios ordines assignavit, praetextatis
cuneum suum, et proximum paedagogis, sanxitque ne quis
pullatorum media cavea sederet. feminis ne gladiatores quidem, quos promiscue spectari sollemne olim erat, nisi ex
superiore loco spectare concessit. (3) solis virginibus Vestali-
bus locum in theatro separatim et contra praetoris tribunal
dedit. athletarum vero spectaculo muliebre secus omne adeo
summovit, ut pontificalibus ludis pugilum par postulatum
distulerit in insequentis diei matutinum tempus edixeritque
mulieres ante horam quintam venire in theatrum non pla-
cere. **45** (1) ipse circenses ex amicorum fere libertorumque
cenaculis spectabat, interdum ex pulvinari et quidem cum
coniuge ac liberis sedens. spectaculo plurimas horas, aliquando totos dies aberat, petita venia commendatisque qui
suam vicem praesidendo fungerentur. verum quotiens ades-
set, nihil praeterea agebat, seu vitandi rumoris causa, quo
patrem Caesarem vulgo reprehensum commemorabat, quod
inter spectandum epistulis libellisque legendis aut rescriben-
dis vacaret, seu studio spectandi ac voluptate, qua teneri se
neque dissimulavit umquam et saepe ingenue professus est.
(2) itaque corollaria et praemia in alienis quoque muneribus
ac ludis et crebra et grandia de suo offerebat nullique Graeco

waren. (2) Die Soldaten trennte er vom Volk. Den Ehemän-
nern aus dem einfachen Volk wies er eigene Sitzreihen zu,
den Knaben, die noch die Praetexta trugen, einen eigenen
Bereich und direkt daneben einen anderen für die Erzieher;
er legte fest, daß niemand aus dem niederen Volk in der
Mitte des Zuschauerraums sitzen dürfe. Frauen erlaubte er
den Besuch von Gladiatorenkämpfen, die sie einst mitten
unter den Männern mitverfolgen durften, nur unter der
Bedingung, daß sie von den oberen Sitzreihen aus zuschau-
ten. (3) Lediglich den Vestalischen Jungfrauen gewährte er
einen speziellen Platz im Theater, und zwar gegenüber der
Loge des Prätors. Den Besuch der Athletenwettkämpfe
verbot er dem weiblichen Geschlecht gänzlich, so daß er an
den Spielen, die der Pontifex Maximus aufführen ließ, den
Wettkampf eines Faustkämpferpaares, den das Volk gewünscht hatte, auf die frühen Morgenstunden des folgenden
Tages verschob und die Verordnung erließ, daß die Frauen
vor der fünften Stunde nicht ins Theater kommen dürften.[104] **45** (1) Augustus selbst schaute sich in der Regel die
Circusspiele aus den höher gelegenen Räumen der Häuser
seiner Freunde und Freigelassenen an, zuweilen aus seiner
mit Polstersesseln ausgestatteten Loge, wo er sogar mit
seiner Gattin und den Kindern Platz nahm. Dem Schauspiel
blieb er häufig mehrere Stunden, manchmal ganze Tage fern,
nachdem er stets um Nachsicht gebeten und Personen
ernannt hatte, die an seiner Stelle den Vorsitz führen sollten.
Sooft er aber anwesend war, konzentrierte er sich ganz auf
das Schauspiel, sei es, um dem Tadel zu entgehen, dem, wie
er sich erinnerte, sein Vater Caesar gewöhnlich ausgesetzt
war – weil sich dieser während des Schauspiels häufig der
Lektüre oder Beantwortung von Briefen und Bittschriften
widmete –, sei es aus Interesse und Vergnügen am Zu-
schauen; niemals verhehlte er das und bekannte sich oft
aufrichtig dazu. (2) Daher bot er aus seinem Privatvermögen
wertvolle Kränzchen und Belohnungen auch für Spiele, die
andere durchführten, in großer Zahl an und nahm an keinem

certamini interfuit, quo non pro merito quemque certantium
honorarit. spectavit autem studiosissime pugiles et maxime
Latinos, non legitimos atque ordinarios modo, quos etiam
committere cum Graecis solebat, sed et catervarios oppida-
nos inter angustias vicorum pugnantis temere ac sine arte.
(3) universum denique genus operas aliquas publico spectaculo praebentium etiam cura sua dignatus est: athletis et
conservavit privilegia et ampliavit, gladiatores sine missione
edi prohibuit, coercitionem in histriones magistratibus omni
tempore et loco lege vetere permissam ademit praeterquam
ludis et scaena. (4) nec tamen eo minus aut xysticorum
certationes aut gladiatorum pugnas severissime semper
exegit. nam histrionum licentiam adeo compescuit, ut Ste-
phanionem togatarium, cui in puerilem habitum circumton-
sam matronam ministrasse compererat, per trina theatra
virgis caesum relegaverit, Hylan pantomimum querente
praetore in atrio domus suae nemine excluso flagellis verbe-
rarit et Pyladen urbe atque Italia summoverit, quod spec-
tatorem, a quo exibilabatur, demonstrasset digito conspicu-
umque fecisset.
46 Ad hunc modum urbe urbanisque rebus administratis
Italiam duodetriginta coloniarum numero deductarum a se
frequentavit operibusque ac vectigalibus publicis plurifariam
instruxit, etiam iure ac dignatione urbi quodam modo pro

griechischen Wettkampf teil, ohne einem jeden Wettkämpfer seinen Verdiensten entsprechend einen Ehrenpreis zuerkannt zu haben. Er schaute aber besonders interessiert Faustkämpfen zu, vor allem latinischen, und zwar nicht nur regelrecht ausgebildeter Boxer, die er sogar gewöhnlich mit griechischen kämpfen ließ, sondern auch von Leuten aus dem niederen Volk, die sich in den engen Gassen aufs Geratewohl und ohne technische Fertigkeit gruppenweise prügelten. (3) Schließlich hielt er alle Personen, die bei öffentlichen Schauspielen irgendwelche nützlichen Tätigkeiten verrichteten, seiner persönlichen Fürsorge für würdig: Die Privilegien der Athleten bestätigte er nicht nur, sondern vermehrte sie sogar, er verbot das Gladiatorenspiel, bei dem die Fechter auf Leben und Tod kämpften, er entzog den Beamten das alte Recht, gegenüber den Schauspielern zu jeder Zeit und an jedem Ort strafrechtlich vorzugehen, außer wenn Spiele stattfanden und auf der Bühne. (4) Und dennoch überwachte er stets aufs strengste die Wettbewerbe der Athleten und die Gladiatorenkämpfe. Denn Zügellosigkeit von Schauspielern bestrafte er; so ließ er etwa den Togataschauspieler[105] Stephanio, der – wie Augustus in Erfahrung gebracht hatte – von einer als Knabe verkleideten und kurzgeschorenen römischen Matrone bedient worden war, in drei Theatern mit Ruten schlagen und verbannte ihn aus Rom; den Pantomimen Hylas ließ er auf die Klage eines Prätors hin im Atrium seines Hauses in Anwesenheit aller Gäste auspeitschen, und Pylades ließ er aus Rom und Italien entfernen, weil dieser auf einen Zuschauer, von dem er ausgepfiffen wurde, mit dem Finger gezeigt und so auf ihn aufmerksam gemacht hatte.

46 Auf diese Art und Weise verwaltete er Rom und ordnete er die städtischen Angelegenheiten; er bevölkerte Italien mit achtundzwanzig von ihm gegründeten Kolonien, stattete sie mit Bauwerken aus, sorgte für sie mit dem öffentlichen Steueraufkommen und stellte sie sogar in bezug auf ihre Rechte und Würde zu einem gewissen Maße der Hauptstadt

parte aliqua adaequavit excogitato genere suffragiorum, quae
de magistratibus urbicis decuriones colonici in sua quisque
colonia ferrent et sub die comitiorum obsignata Romam
mitterent. ac necubi aut honestorum deficeret copia aut
multitudinis suboles, equestrem militiam petentis etiam ex
commendatione publica cuiusque oppidi ordinabat, at iis,
qui e plebe regiones sibi revisenti filios filiasve approbarent,
singula nummorum milia pro singulis dividebat.

47 Provincias validiores et quas annuis magistratuum impe-
riis regi nec facile nec tutum erat, ipse suscepit, ceteras
proconsulibus sortito permisit; et tamen nonnullas commutavit interdum atque ex utroque genere plerasque saepius
adiit. urbium quasdam, foederatas sed ad exitium licentia
praecipites, libertate privavit, alias aut aere alieno laborantis
levavit aut terrae motu subversas denuo condidit aut merita
erga populum R. adlegantes Latinitate vel civitate donavit.
nec est, ut opinor, provincia, excepta dum taxat Africa et
Sardinia, quam non adierit. in has fugato Sex. Pompeio
traicere ex Sicilia apparantem continuae et immodicae tem-
pestates inhibuerunt nec mox occasio aut causa traiciendi
fuit.

48 Regnorum quibus belli iure potitus est, praeter pauca, aut
isdem quibus ademerat reddidit aut alienigenis contribuit.
reges socios etiam inter semet ipsos necessitudinibus mutuis

gleich, wobei er sich folgenden Wahlmodus ausgedacht hatte: Die Gemeinderäte der Kolonien sollten über die Staatsbeamten in Rom jeweils in ihren Städten abstimmen und die Wahlzettel versiegelt kurz vor dem Tag der Wahlen nach Rom schicken. Und damit es diesen Kolonien nicht an Adligen und bürgerlichem Nachwuchs mangele, erhob er diejenigen, die sich darum bewarben, lediglich auf die öffentliche Empfehlung einer jeden Stadt in den Ritterstand und verteilte auf diejenigen aus dem Volk, die ihm bei seinen Provinzbesuchen Söhne und Töchter vorzeigen konnten, für jedes Kind tausend Sesterzen.

47 Die bedeutenderen Provinzen, deren Verwaltung bei jährlichem Wechsel der Beamten weder leicht noch sicher gewesen wäre, übernahm er selbst, die übrigen vertraute er nach einem Losverfahren Prokonsuln an; und dennoch nahm er zuweilen Änderungen vor und besuchte selbst die meisten Provinzen beider Verwaltungsarten. Gewissen Städten, die zwar mit Rom verbündet waren, die aber wegen der Zügellosigkeit ihrer Bewohner kurz vor dem Zusammenbruch standen, entzog er die Freiheit, andere, die wegen Schulden in arge Bedrängnis geraten waren, entlastete er hilfreich; die durch ein Erdbeben vernichteten Städte baute er von neuem auf; wieder andere, die Verdienste gegenüber dem römischen Volk anzuführen vermochten, beschenkte er mit dem latinischen oder gar mit dem Bürgerrecht. Es gibt aber – wie ich meine – keine Provinz, mit Ausnahme von Afrika und Sardinien, die er nicht besucht hätte. Als er sich nach dem Sieg über Sextus Pompeius anschickte, von Sizilien aus in diese beiden Provinzen überzusetzen, hinderten ihn anhaltende und besonders stürmische Winde an seinem Plan, und später bot sich weder eine Gelegenheit, noch gab es einen Grund dazu.

48 Die Königreiche, die Augustus aufgrund des Kriegsrechts in seine Gewalt gebracht hatte, gab er, mit wenigen Ausnahmen, entweder denjenigen zurück, denen er sie genommen hatte, oder verteilte sie auf auswärtige Herrscher. Mit Rom

iunxit, promptissimus affinitatis cuiusque atque amicitiae
conciliator et fautor; nec aliter universos quam membra
partisque imperii curae habuit, rectorem quoque solitus
apponere aetate parvis aut mente lapsis, donec adolescerent
aut resipiscerent; ac plurimorum liberos et educavit simul
cum suis et instituit.

49 (1) Ex militaribus copiis legiones et auxilia provinciatim
distribuit, classem Miseni et alteram Ravennae ad tutelam
Superi et Inferi maris conlocavit, ceterum numerum partim
in urbis partim in sui custodiam adlegit dimissa Calagurri-
tanorum manu, quam usque ad devictum Antonium, item
Germanorum, quam usque ad cladem Varianam inter armi-
geros circa se habuerat. neque tamen umquam plures quam
tres cohortes in urbe esse passus est easque sine castris,
reliquas in hiberna et aestiva circa finitima oppida dimittere
assuerat. (2) quidquid autem ubique militum esset, ad cer-
tam stipendiorum praemiorumque formulam adstrinxit de-
finitis pro gradu cuiusque et temporibus militiae et commo-
dis missionum, ne aut aetate aut inopia post missionem
sollicitari ad res novas possent. utque perpetuo ac sine
difficultate sumptus ad tuendos eos prosequendosque sup-
peteret, aerarium militare cum vectigalibus novis constituit.

verbündete Könige führte er auch untereinander durch gegenseitige familiäre Bande enger zusammen, und vermittelte und förderte besonders eifrig jedes Verwandtschafts- und Freundschaftsverhältnis; um sie alle war er besorgt, gleichsam als ob sie Glieder und Teile des Reichs wären; er stellte auch den minderjährigen oder geistesschwachen Kronprinzen gewöhnlich einen Vormund zur Seite, bis sie großjährig waren oder sich wieder erholt hatten, und die Kinder zahlreicher Fürsten ließ er mit seinen eigenen erziehen und unterrichten.

49 (1) Von seinem gesamten Heer verteilte er die Legionen und Hilfstruppen auf die einzelnen Provinzen; eine Flotte stationierte er in Misenum[106], eine andere in Ravenna zum Schutze des Adriatischen und des Tyrrhenischen Meeres; den verbleibenden Rest seines Heeres wählte er teils zur Bewachung Roms, teils zum eigenen Schutz, nachdem er die Abteilung der Calagurritani[107], die er bis zur Besiegung des Antonius, ebenso die der Germanen, die er bis zur Niederlage des Varus unter den Leibwächtern um sich gehabt hatte, aus dem Dienst entlassen hatte. Aber dennoch duldete er zu keinem Zeitpunkt die Anwesenheit von mehr als drei Kohorten in Rom, und auch diese hielt er nicht in einem speziellen Lager; die übrigen Kohorten entließ er gewöhnlich in Städte der näheren Umgebung in die Winter- und Sommerlager. (2) Alle Soldaten aber im gesamten Reich verpflichtete er für eine festgesetzte Zahl von Dienstjahren und festgesetzten Sold, wobei er, entsprechend dem jeweiligen Dienstgrad, sowohl die Dauer des Heeresdienstes als auch die Vorrechte bis nach der Entlassung genau bestimmte, damit die Soldaten weder infolge einer zu langen Dienstzeit noch wegen einer eventuellen Notlage nach ihrer Entlassung zu Aufständen aufgewiegelt werden könnten. Und damit auf alle Zeiten und ohne Schwierigkeiten die Kosten zu ihrem Unterhalt während der Dienstzeit und zur Zahlung der Aufwendungen nach der Entlassung gedeckt waren, richtete er eine Militärkasse mit neuartigen Steuern ein.

(3) Et quo celerius ac sub manum adnuntiari cognoscique posset, quid in provincia quaque gereretur, iuvenes primo modicis intervallis per militaris vias, dehinc vehicula disposuit. commodius id visum est, ut qui a loco idem perferunt litteras, interrogari quoque, si quid res exigant, possint. 50 in diplomatibus libellisque et epistulis signandis initio sp⟨h⟩inge usus est, mox imagine Magni Alexandri, novissime sua, Dioscuridis manu scalpta, qua signare insecuti quoque principes perseverarunt. ad epistulas omnis horarum quoque momenta nec diei modo sed et noctis, quibus datae significarentur, addebat.

51 (1) Clementiae civilitatisque eius multa et magna documenta sunt. ne enumerem, quot et quos diversarum partium venia et incolumitate donatos principem etiam in civitate locum tenere passus sit: Iunium Novatum et Cassium Patavinum e plebe homines alterum pecunia, alterum levi exilio punire satis habuit, cum ille Agrippae iuvenis nomine asperrimam de se epistulam in vulgus edidisset, hic convivio pleno proclamasset neque votum sibi neque animum deesse confodiendi eum. (2) quadam vero cognitione, cum Aemilio Aeliano Cordubensi inter cetera crimina vel maxime obiceretur quod male opinari de Caesare soleret, conversus ad accusatorem commotoque similis: ›velim‹, inquit, ›hoc mihi probes; faciam sciat Aelianus et me linguam habere, plura enim de eo loquar‹; nec quicquam ultra aut statim aut postea

(3) Und damit ihm um so schneller und müheloser berichtet werden konnte, was sich in einer jeden Provinz ereigne, verteilte er zunächst junge Männer, später Wagen, in angemessenen Abständen auf die Heerstraßen. Die zweite Einrichtung schien zweckmäßiger, da so dieselben Boten, die die Mitteilungen von Ort und Stelle überbrachten, wenn es die Sachlage erforderte, auch direkt befragt werden konnten. 50 In Empfehlungsschreiben, öffentlichen Bekanntmachungen und Briefen verwendete er als Siegel anfangs eine Sphinx, später das Bild Alexander des Großen, zuletzt sein eigenes, das von der Hand des Dioskurides[108] geschnitten war, womit auch die nachfolgenden Kaiser weiterhin ihre Schriftstücke siegelten. Allen Briefen fügte er auch die Stunden der Abfassung hinzu, und zwar sowohl die des Tages als auch die der Nacht.

51 (1) Zahlreich und bedeutend sind die Beweise für seine Milde und Leutseligkeit. Um nicht aufzuzählen, wie viele und welche Gegner er mit seiner Gnade und Amnestie beschenkt hat und ihnen sogar erlaubte, eine besonders wichtige Stelle im Staatsdienst zu behalten, mögen zwei Beispiele genügen: Augustus gab sich damit zufrieden, Iunius Novatus und Cassius Patavinus, zwei Männer aus dem Plebejerstande, im einen Falle mit einer Geldstrafe, im anderen mit einer milden Verbannung zu belegen, obgleich jener unter dem Namen des jungen Agrippa einen bitterbösen Brief über ihn veröffentlicht und dieser bei einem stark besuchten Gastmahl laut ausgerufen hatte, ihm fehle weder das Verlangen noch der Mut, Augustus niederzustechen. (2) Als bei einer gerichtlichen Untersuchung dem Aemilius Aelianus aus Corduba[109] neben anderen Anklagepunkten insbesondere vorgeworfen wurde, daß er eine schlechte Meinung über den Kaiser habe, wandte sich Augustus an den Ankläger und sagte erregt: »Hoffentlich vermagst du mir das zu beweisen; Aelianus soll wissen, daß auch ich eine Zunge habe, ich werde nämlich noch mehr über ihn reden«; und darüber hinaus betrieb er weder sofort noch später

inquisiit. (3) Tiberio quoque de eadem re, sed violentius apud se per epistulam conquerenti ita rescripsit: ›aetati tuae, mi Tiberi, noli in hac re indulgere et nimium indignari quemquam esse, qui de me male loquatur; satis est enim, si hoc habemus ne quis nobis male facere possit.‹

52 Templa, quamvis sciret etiam proconsulibus decerni solere, in nulla tamen provincia nisi communi suo Romaeque nomine recepit. nam in urbe quidem pertinacissime abstinuit hoc honore; atque etiam argenteas statuas olim sibi positas conflavit omnis exqu⟨e⟩ iis aureas cortinas Apollini Palatino dedicavit.

Dictaturam magna ui offerente populo genu nixus deiecta ab umeris toga nudo pectore deprecatus est. **53** (1) domini appellationem ut maledictum et obprobrium semper exhorruit. cum spectante eo ludos pronuntiatum esset in mimo:

›o dominum aequum et bonum!‹

et universi quasi de ipso dictum exultantes comprobassent, et statim manu vultuque indecoras adulationes repressit et insequenti die gravissimo corripuit edicto; dominumque se posthac appellari ne a liberis quidem aut nepotibus suis vel serio vel ioco passus est atque eius modi blanditias etiam inter ipsos prohibuit. (2) non temere urbe oppidove ullo

irgendwelche Nachforschungen. (3) An Tiberius, der sich ebenfalls über diese Angelegenheit, aber noch heftiger, bei ihm in einem Brief beklagte, schrieb er folgendes zurück: »Gib dich, mein lieber Tiberius, in dieser Angelegenheit nicht allzu jugendlichen Übereifer hin und entrüste dich nicht allzu sehr darüber, daß es Menschen gibt, die schlecht über mich reden; es genügt nämlich, wenn wir uns damit zufrieden geben, daß uns niemand etwas Schlechtes antun kann.«

52 Obgleich er wußte, daß der Bau von Tempeln sogar zu Ehren von Prokonsuln beschlossen wurde, ließ er diese jedoch in keiner Provinz für sich errichten, außer wenn sie auch für die Göttin Roma bestimmt waren. Denn in Rom lehnte er eine solche Ehre ganz energisch ab; und er ließ sogar die silbernen Statuen, die für ihn einst aufgestellt worden waren, sämtlich einschmelzen und weihte dem Palatinischen Apollo aus dem Gewinn daraus goldene Dreifüße.

Als das Volk ihm mit aller Gewalt die Diktatur anbot,[110] kniete er nieder, riß die Toga von den Schultern, entblößte seine Brust und bat inständig darum, ihm das zu ersparen.

53 (1) Die Anrede »Herr« verabscheute er stets als schimpfliches Schmähwort. Als er sich einmal Schauspiele im Theater ansah und bei einer Komödie die Worte ausgesprochen wurden:

»O gerechter und guter Herr!«

und alle Anwesenden jubelten und Anerkennung zollten, gleichsam als bezögen sich diese Worte auf Augustus persönlich, wies er diese unschicklichen Schmeicheleien auf der Stelle durch Gestik und Mimik zurück und rügte sie am folgenden Tage scharf in einem besonders streng formulierten Erlaß. Er erlaubte in der Zukunft nicht einmal seinen Kindern oder Enkeln, sei es im Ernst oder im Spaß, ihn »Herr« anzureden, und Schmeicheleien dieser Art verbot er ihnen auch im Umgang miteinander. (2) Nicht zufällig

egressus aut quoquam ingressus est nisi vespera aut noctu,
ne quem officii causa inquietaret. in consulatu pedibus fere,
extra consulatum saepe adaperta sella per publicum incessit.
promiscuis salutationibus admittebat et plebem, tanta
comitate adeuntium desideria excipiens, ut quendam ioco
corripuerit, quod sic sibi libellum porrigere dubitaret, ›quasi
elephanto stipem‹. (3) die senatus numquam patres nisi in
curia salutavit et quidem sedentis ac nominatim singulos
nullo submonente; etiam discedens eodem modo sedentibus
valere dicebat. officia cum multis mutuo exercuit, nec prius
dies cuiusque sollemnes frequentare desiit, quam grandior
iam natu et in turba quondam sponsaliorum die vexatus.
Gallum Cerrinium senatorem minus sibi familiarem, sed
captum repente oculis et ob ⟨id⟩ inedia[m] mori destinan-
tem praesens consolando revocavit ad vitam.
54 In senatu verba facienti dictum est: ›non intellexi‹, et ab
alio: ›contra dicerem tibi, si locum haberem.‹ interdum ob
immodicas disceptantium altercationes e curia per iram se

verließ Augustus Rom oder irgendeine Provinzstadt oder
betrat er diese Städte nur zur späten Abendstunde oder
nachts, um keine Unruhe durch offizielle Begrüßungs- oder
Abschiedszeremonien zu erregen. Wenn er das Konsulat
bekleidete, ging er in der Regel zu Fuß; übte er diese
Funktion nicht aus, ließ er sich häufig in einer ganz offenen[111] Sänfte durch die Straßen tragen. Zu den gewöhn-
lichen Audienzen gestattete er auch dem einfachen Volk den
Zutritt und nahm die Wünsche der Besucher so zuvorkom-
mend entgegen, daß er jemanden einmal zum Scherz tadelte,
er überreiche ihm die Bittschrift so zögernd, »wie einem
Elefanten eine Geldspende«. (3) An den Versammlungstagen
des Senats begrüßte er die Senatoren ausschließlich in der
Kurie, und zwar blieben sie auf ihren Plätzen sitzen, während er sie einzeln namentlich aufrief, ohne daß ihm jemand
dabei helfen mußte; sogar wenn er die Versammlung verließ,
verabschiedete er sich gewöhnlich auf dieselbe Weise, wobei
die Senatoren sitzen bleiben durften. Höflichkeitsbesuche
erwies er vielen Bekannten auf Gegenseitigkeit, und er hörte
erst auf, an Festtagen eines jeden Bekannten mitzufeiern, als
er älter wurde und bei einer Verlobungsfeier im Gedränge
hart mitgenommen worden war. Der Senator Gallus Cerri-
nius, der nicht zum näheren Freundeskreis von Augustus
zählte, erblindete plötzlich und beschloß deshalb, den Hun-
gertod zu sterben; Augustus suchte ihn persönlich auf und
gab ihm durch seine tröstenden Worte neuen Lebensmut.
54 Im Senat wurde ihm einmal während einer Rede zugeru-
fen: »Ich habe es nicht verstanden« und von einem anderen:
»Ich würde dir widersprechen, wenn ich Gelegenheit dazu
hätte.« Wenn er zuweilen aus Zorn über die maßlosen
Streitereien der miteinander diskutierenden Gruppierungen
aus der Kurie hinausstürmte, riefen ihm einige nach: »Es
muß den Senatoren erlaubt sein, über Staatsangelegenheiten
zu sprechen.« Antistius Labeo[112] wählte bei der Senatoren-
wahl, als jeder Senator einen anderen zu bestimmen hatte,
M. Lepidus, der damals noch in der Verbannung lebte und

proripienti quidam ingesserunt ›licere oportere senatoribus
de re p. loqui‹. Antistius Labeo senatus lectione, cum vir
virum legeret, M. Lepidum hostem olim eius et tunc exulan-
tem legit interrogatusque ab eo an essent alii digniores,
›suum quemque iudicium habere‹ respondit. nec ideo liber-
tas aut contumacia fraudi cuiquam fuit. **55** etiam sparsos de
se in curia famosos libellos nec expavit et magna cura
redarguit ac ne requisitis quidem auctoribus id modo cen-
suit, cognoscendum posthac de iis, qui libellos aut carmina
ad infamiam cuiuspiam sub alieno nomine edant.

56 (1) Iocis quoque quorundam invidiosis aut petulantibus
lacessitus contra dixit edicto. et tamen ne de inhibenda
testamentorum licentia quicquam constitueretur intercessit.
quotiens magistratuum comitiis interesset, tribus cum candi-
datis suis circuibat supplicabatque more sollemni. ferebat et
ipse suffragium in tribu[s], ut unus e populo. testem se in
iudiciis et interrogari et refelli aequissimo animo patiebatur.
(2) forum angustius fecit non ausus extorquere possessoribus
proximas domos. numquam filios suos populo commendavit
ut non adiceret: ›si merebuntur.‹ eisdem praetextatis adhuc
assurrectum ab universis in theatro et a stantibus plausum
gravissime questus est. amicos ita magnos et potentes in
civitate esse voluit, ut tamen pari iure essent quo ceteri

der ein alter Feind von Augustus war; als Antistius Labeo
von Augustus gefragt wurde, ob es nicht andere Männer
gäbe, die würdiger seien als Lepidus, antwortete er: »Ein
jeder hat sein eigenes Urteil.« Dennoch bedeutete für nie-
manden Offenheit oder Widerspenstigkeit einen Nachteil.
55 Augustus fürchtete zwar die gegen ihn gerichteten
Schmähschriften nicht, die im Senat im Umlauf waren,
verwendete aber große Mühe darauf, sie zu widerlegen;
nicht einmal nach den Urhebern ließ er forschen, er verordnete lediglich, daß in Zukunft eine Untersuchung über die
Personen durchgeführt werden müsse, die unter fremdem
Namen Schmähschriften oder Gedichte herausgäben, gegen
wen auch immer diese verfaßt seien.
56 (1) Er antwortete auch auf die widerwärtigen oder fre-
chen Scherze, mit denen ihn gewisse Personen angegriffen
hatten, lediglich in einer Verordnung. Und dennoch verhin-
derte er, daß durch einen Senatsbeschluß die freie Meinungs-
äußerung in Testamenten eingeschränkt werde. Sooft er an
den Wahlen der Beamten teilnahm, ging er mit den von ihm
favorisierten Bewerbern in den Wahlbezirken umher und
bat nach alter Sitte für sie um Stimmen. Er gab sogar
persönlich seine Stimme in seinem Wahlbezirk ab, wie ein
gewöhnlicher Bürger. Mit höchster Gelassenheit duldete er
es, in Prozessen als Zeuge befragt und widerlegt zu werden.
(2) Das Forum ließ er nicht so geräumig errichten wie
ursprünglich geplant, da er es nicht wagte, den Besitzern die
unmittelbar angrenzenden Häuser zu enteignen. Niemals
empfahl er seine Söhne dem Volk, ohne hinzuzufügen:
»Wenn sie es verdienen werden.« Als sie einmal ins Theater
eintraten – sie trugen noch die Kindertoga –, und sich alle
erhoben und ihnen stehend Beifall klatschten, beklagte sich
Augustus aufs heftigste darüber. Seine Freunde sollten seinem Wunsche gemäß wichtige und mächtige Stellungen im
Staat einnehmen, aber dennoch sollten sie vor dem Gesetz
gleiche Rechte und Pflichten haben wie die übrigen Bürger
und in gleichem Maße an Gesetze und Gerichtsentscheidun-

legibusque iudiciariis aeque tenerentur. (3) cum Asprenas
Nonius artius ei iunctus causam veneficii accusante Cassio
Severo diceret, consuluit senatum, ›quid officii sui putaret;
cunctari enim se, ne si superesset, eripere[t] legibus reum,
sin deesset, destituere ac praedamnare amicum existimaretur;‹ et consentientibus universis sedit in subselliis per aliquot horas, verum tacitus et ne laudatione quidem iudiciali
data. (4) affuit et clientibus, sicut Scutario cuidam evocato
quondam suo, qui postulabatur iniuriarum. unum omnino e
reorum numero ac ne eum quidem nisi precibus eripuit,
exorato coram iudicibus accusatore, Castricium, per quem
de coniuratione Murenae cognoverat.

57 (1) Pro quibus meritis quanto opere dilectus sit, facile est
aestimare. omitto senatus consulta, quia possunt videri vel
necessitate expressa vel verecundia. equites R. natalem eius
sponte atque consensu biduo semper celebrarunt. omnes
ordines in lacum Curti quotannis ex voto pro salute eius
stipem iaciebant, item Kal. Ian. stren[u]am in Capitolio
etiam absenti, ex qua summa pretiosissima deorum simula-
cra mercatus vicatim dedicabat, ut Apollinem Sandaliarium
et Iovem Tragoedum aliaque. (2) in restitutione⟨m⟩ Palati-

gen gebunden sein. (3) Als Asprenus Nonius, der zu Augustus in recht enger Verbindung stand, von Cassius Severus wegen Giftmordes vor Gericht angeklagt wurde, befragte Augustus den Senat, was nach dessen Meinung seine Pflicht sei: »Ich hege nämlich Zweifel und befürchte zweierlei: daß ich ihn der gesetzlichen Strafe entziehe, wenn ich ihm vor Gericht beistehe, daß man hingegen glaubt, ich ließe einen Freund im Stich und verurteile ihn im voraus, wenn ich ihm nicht helfe.« Aufgrund der einmütigen Ansicht aller Senatoren nahm er für einige Stunden auf der Anklagebank [neben den Verteidigern] Platz, schwieg aber und legte nicht einmal Zeugnis vor Gericht ab. (4) Er stand auch seinen Klienten bei, wie zum Beispiel einem gewissen Scrutarius, der sich wegen Beleidigung vor Gericht zu verantworten hatte und der einer von jenen Veteranen war, die sich in gefährlicher Lage freiwillig wieder für den Heeresdienst zur Verfügung stellten. Überhaupt hat er nur einen einzigen Angeklagten einer Verurteilung vor Gericht entzogen, und auch nur durch inständige Bitten, durch die er in Gegenwart der Richter den Ankläger dazu bewegt hatte; es handelt sich um Castricius, durch den er von der Verschwörung des Murena erfahren hatte.

57 (1) Wie sehr sich Augustus durch derartige verdienstliche Taten beliebt machte, ist leicht einzusehen. Ich übergehe die Senatsbeschlüsse, weil es den Anschein haben könnte, sie seien entweder gezwungen oder aus Rücksicht zustande gekommen. Die römischen Ritter feierten seinen Geburtstag aus eigenem Antrieb und einstimmig, und zwar stets zwei Tage lang. Alle Stände pflegten alljährlich aufgrund eines Gelübdes, das sie für sein Wohl abgelegt hatten, ein Geldstück in den See des Curtius[113] zu werfen; ebenso brachten sie ihm am ersten Januar, auch in seiner Abwesenheit, auf dem Kapitol ein Neujahrsgeschenk dar, aus dessen Erlös er besonders wertvolle Götterbilder kaufte, die er in den Stadtteilen einzelnen Göttern weihte, wie zum Beispiel Apollo Sandaliarius, Iupiter Tragoedus und anderen. (2) Zum Wie-

nae domus incendio absumptae veterani, decuriae, tribus
atque etiam singillatim e cetero genere hominum libentes ac
pro facultate quisque pecunias contulerunt, delibante tantum modo eo summarum acervos neque ex quoquam plus
denario auferente. revertentem ex provincia non solum fau-
stis ominibus, sed et modulatis carminibus prosequebantur.
observatum etiam est, ne quotiens introiret urbem, suppli-
cium de quoquam sumeretur. **58** (1) Patris patriae cognomen
universi repentino maximoque consensu detulerunt ei:
prima plebs legatione Antium missa; dein, quia non recipie-
bat, ineunti Romae spectacula frequens et laureata; mox in
curia senatus, neque decreto neque adclamatione, sed per
Valerium Messalam is mandantibus cunctis: (2) ›quod
bonum‹, inquit, ›faustumque sit tibi domuique tuae, Caesar
Auguste! sic enim nos perpetuam felicitatem rei p. et laeta
huic precari existimamus: senatus te consentiens cum populo
R. consalutat patriae patrem.‹ cui lacrimans respondit Augustus his verbis – ipsa enim, sicut Messalae, posui –: ›compos
factus votorum meorum, p. c., quid habeo aliud deos
immortales precari, quam ut hunc consensum vestrum ad
ultimum finem vitae mihi perferre liceat?‹
59 Medico Antonio Musae, cuius opera ex ancipiti morbo
convaluerat, statuam aere conlato iuxta signum Aesculapi
statuerunt. nonnulli patrum familiarum testamento cave-

deraufbau seines auf dem Palatin durch einen Brand vernichteten Palastes brachten die Veteranen, Berufsklassen, die
Tribus und sogar einzelne Privatleute aus allen Gesell-
schaftsschichten freiwillig und je nach Vermögen Geldbe-
träge zusammen, wobei er jedem Geldhaufen nur einen
geringen Betrag entnahm und zwar von keinem mehr als
einen Denar. Wenn er aus einer Provinz zurückkehrte, gab
man ihm nicht nur mit feierlichen Glückwünschen, sondern
auch mit melodischen Liedern das Geleit. Es ist auch beobachtet worden, daß jedes Mal, wenn er in Rom Einzug hielt,
niemals an irgend jemandem die Todesstrafe vollzogen worden ist. **58** (1) Den Beinamen »Vater des Vaterlandes«[114] hat
ihm das ganze Volk unvermutet und in vollster Übereinstimmung verliehen: zuerst die Plebs durch eine nach
Antium entsandte Abordnung; dann, weil er diese Ehrung
nicht annahm, bei dem Besuch eines Schauspiels in Rom die
zahlreich versammelten Zuschauer, die mit Lorbeerkränzen
geschmückt waren, bald darauf in der Kurie der Senat, und
zwar weder durch einen Beschluß noch durch Akklamation,
sondern durch Valerius Messala[115], der auf Anweisung aller
Senatoren folgende Rede hielt: (2) »Gut und heilbringend sei
dies für dich und dein Haus, Caesar Augustus! Wir glauben
so um ewiges Glück für den Staat und Freude für Rom zu
beten: Der Senat begrüßt dich in Übereinstimmung mit dem
römischen Volk als Vater des Vaterlandes.« Unter Tränen
antwortete ihm Augustus mit folgenden Worten – ich führe
nämlich wie bei Messala genau den Wortlaut an –: »Da ich
nun sehe, daß alle meine Wünsche erfüllt sind, Senatoren,
um was kann ich die unsterblichen Götter noch bitten, als
daß es mir vergönnt sei, diese eure Einhelligkeit bis zum
letzten Tag in meinem Leben zu erhalten?«
59 Seinem Arzt Antonius Musa[116], mit dessen Hilfe Augustus sich von einer gefährlichen Krankheit erholt hatte,
wurde aus freiwilligen Spenden eine Statue errichtet, direkt
neben dem Bild des Aeskulap[117]. Einige Familienväter stellten testamentarisch sicher, daß von ihren Erben Opfertiere

runt, ut ab heredibus suis praelato titulo victumae in Capitolium ducerentur votumque pro se solveretur, quod supersti-
tem Augustum reliquissent. quaedam Italiae civitates diem,
quo primum ad se venisset, initium anni fecerunt. provin-
ciarum pleraeque super templa et aras ludos quoque quinquennales paene oppidatim constituerunt. 60 reges amici
atque socii et singuli in suo quisque regno Caesareas urbes
condiderunt et cuncti simul aedem Iovis Olympii Athenis
antiquitus incohatam perficere communi sumptu destinave-
runt Genioque eius dedicare; ac saepe regnis relictis non
Romae modo sed et provincias peragranti cotidiana officia
togati ac sine regio insigni more clientium praestiterunt.

61 (1) Quoniam qualis in imperis ac magistratibus regendaque per terrarum orbem pace belloque re p. fuerit, exposui, referam nunc interiorem ac familiarem eius vitam quibusque moribus atque fortuna domi et inter suos egerit a
iuventa usque ad supremum vitae diem. (2) Matrem amisit in
primo consulatu, sororem Octaviam quinquagensimum et
quartum agens aetatis annum. utrique cum praecipua officia
vivae praestitisset, etiam defunctae honores maximos tribuit.

62 (1) Sponsam habuerat adulescens P. Servili Isaurici filiam,
sed reconciliatus post primam discordiam Antonio, ex-
postulantibus utriusque militibus ut et necessitudine aliqua

auf das Kapitol geführt werden sollten, wobei eine Tafel mit einer Inschrift vorangetragen und ein Gelübde in ihrem Namen eingelöst würde für den Fall, daß Augustus sie überlebe. Einige Städte in Italien haben den Tag, an dem er zum ersten Mal zu ihnen gekommen war, zum Jahresanfang gemacht. Die meisten Provinzen haben neben dem Bau von Tempeln und Altären auch die Abhaltung von Spielen beschlossen, die in fast allen Städten alle vier Jahre stattfanden. 60 Befreundete und verbündete Könige, und zwar jeder in seinem Reich, haben Städte gegründet, die den Namen Caesarea[118] erhielten; und alle haben gemeinsam beschlossen, den Tempel des Olympischen Zeus in Athen, dessen Bau schon vor langer Zeit begonnen worden war, auf gemeinsame Kosten vollenden zu lassen und ihn dem Genius des Augustus zu weihen. Und oft verließen sie ihre Reiche und machten nicht nur in Rom, sondern auch, wenn er Reisen durch die Provinzen unternahm, täglich Höflichkeitsbesuche, und dabei trugen sie die Toga, ohne königliche Abzeichen, so wie es Klienten zu tun pflegen.

61 (1) Weil ich bisher dargelegt habe, wie sich Augustus in Macht- und Amtsstellen sowie als Herrscher über ein Weltreich in Krieg und Frieden verhalten hat, will ich nun von seinem Privat- und Familienleben berichten und mitteilen, nach welchen Gewohnheiten und unter welchen Verhältnissen er zu Hause und unter seinen Familienangehörigen von Jugend an bis zum letzten Tag sein Leben verbracht hat. (2) Seine Mutter hat Augustus während des ersten Konsulats verloren, seine Schwester Octavia, als er dreiundfünfzig Jahre alt war.[119] Da er beiden zu ihren Lebzeiten besondere Wertschätzung entgegenbrachte, erwies er ihnen auch nach ihrem Tode allergrößte Ehren.

62 (1) Als Verlobte hatte er in seiner Jugend die Tochter des P. Servilius Isauricus, aber als er sich nach einer ersten Auseinandersetzung mit Antonius wieder versöhnt hatte, und da die Soldaten der beiden mit Nachdruck forderten, sie sollten sich auch durch irgendein Verwandtschaftsverhältnis

iungerentur, privignam eius Claudiam, Fulviae ex P. Clodio
filiam, duxit uxorem vixdum nubilem ac simultate cum
Fulvia socru orta dimisit intactam adhuc et virginem.
(2) mox Scriboniam in matrimonium accepit nuptam ante
duobus consularibus, ex altero etiam matrem. cum hac
quoque divortium fecit, ›pertaesus‹, ut scribit, ›morum per-
versitatem eius‹, ac statim Liviam Drusillam matrimonio
Tiberi Neronis et quidem praegnantem abduxit dilexitque et
probavit unice ac perseveranter.

63 (1) Ex Scribonia Iuliam, ex Livia nihil liberorum tulit,
cum maxime cuperet. infans, qui conceptus erat, immaturus
est editus. Iuliam primum Marcello Octaviae sororis suae
filio tantum quod pueritiam egresso, deinde, ut is obiit, M.
Agrippae nuptum dedit exorata sorore, ut sibi genero cede-
ret; nam tunc Agrippa alteram Marcellarum habebat et ex ea
liberos. (2) hoc quoque defuncto, multis ac diu, etiam ex
equestri ordine, circumspectis condicionibus, Tiberium privignum suum elegit coegitque praegnantem uxorem et ex
qua iam pater erat dimittere. M. Antonius scribit primum
eum Antonio filio suo despondisse Iuliam, dein Cotisoni
Getarum regi, quo tempore sibi quoque in vicem filiam regis
in matrimonium petisset.

64 (1) Nepotes ex Agrippa et Iulia tres habuit C. et L. et
Agrippam, neptes duas Iuliam et Agrippinam. Iuliam L.

verbinden, nahm er Claudia, eine Stieftochter von Antonius
und Tochter der Fulvia aus der Verbindung mit P. Clodius,
zur Frau, obwohl sie kaum im heiratsfähigen Alter war; da
er sich aber mit seiner Schwiegermutter Fulvia verfeindete,
trennte er sich wieder von Claudia, wobei er ihre Jungfräu-
lichkeit unangetastet gelassen hat. (2) Bald darauf heiratete
er Scribonia, die zuvor schon zweimal verheiratet war, und
zwar in beiden Fällen mit Konsuln; von einem hatte sie auch
Kinder. Auch von dieser ließ er sich scheiden, »aus Ekel«,
wie er schreibt, »vor ihrem schlechten Lebenswandel«, und
ehelichte daraufhin sofort Livia Drusilla, die er ihrem Gatten Tiberius Nero fortnahm, obwohl sie schwanger war,
und liebte und schätzte sie in einzigartiger und dauerhafter
Weise.

63 (1) Von Scribonia hatte er eine Tochter, nämlich Iulia,
von Livia kein Kind, obgleich er sich sehr danach sehnte.
Ein Kind, das sie empfangen hatte, wurde vorzeitig geboren.
Iulia gab er zuerst Marcellus[120], dem Sohn seiner Schwester
Octavia, zur Frau; dieser war kaum dem Knabenalter ent-
wachsen. Als Marcellus verschieden war, verheiratete er sie
mit M. Agrippa, nachdem er seine Schwester Octavia gebeten hatte, ihm diesen als Schwiegersohn zu überlassen; denn
damals hatte Agrippa eine der beiden Schwestern Marcella
zur Frau und von ihr auch Kinder. (2) Nachdem auch dieser
verstorben war, suchte er lange, sogar im Ritterstand, nach
einer passenden Partie für seine Tochter und wählte schließlich seinen Schwiegersohn Tiberius[121] aus und zwang ihn,
seine schwangere Frau, mit der er bereits ein Kind hatte, zu
verstoßen. M. Antonius schreibt, Augustus habe zunächst
Iulia seinem Sohn Antonius versprochen, dann Cotiso[122],
dem König der Geten, zu einem Zeitpunkt, als Augustus für
sich selbst auch um die Hand einer Tochter des Königs
angehalten habe.

64 (1) Aus der Ehe von Agrippa und Iulia hatte Augustus
drei Enkel, nämlich Gaius, Lucius und Agrippa, und zwei
Enkelinnen, Iulia und Agrippina. Er verheiratete Iulia mit

Paulo censoris filio, Agrippinam Germanico sororis suae
nepoti collocavit. Gaium et L. adoptavit domi per assem et
libram emptos a patre Agrippa tenerosque adhuc ad curam
rei p. admovit et consules designatos circum provincias
exercitusque dimisit. (2) filiam et neptes ita instituit, ut etiam
lanificio assuefaceret vetaretque loqui aut agere quicquam
nisi propalam et quod in di[ut]urnos commentarios referretur; extraneorum quidem coetu adeo prohibuit, ut L. Vini-
cio, claro decoroque iuveni, scripserit quondam parum
modeste fecisse eum, quod filiam suam Baias salutatum
venisset. (3) nepotes et litteras et natare aliaque rudimenta
per se plerumque docuit, ac nihil aeque elaboravit quam ut
imitarentur chirographum suum; neque cenavit una, nisi ut
in imo lecto assiderent, neque iter fecit, nisi ut vehiculo
anteirent aut circa adequitarent. **65** (1) sed laetum eum atque
fidentem et subole et disciplina domus Fortuna destituit.
Iulias, filiam et neptem, omnibus probris contaminatas relegavit; C. et L. in duodeviginti mensium spatio amisit ambos,
Gaio in Lycia, Lucio Massiliae defunctis. tertium nepotem
Agrippam simulque privignum Tiberium adoptavit in foro
lege curiata; ex quibus Agrippam brevi ob ingenium sordi-
dum ac ferox abdicavit seposuitque Surrentum.

L. Paulus, dem Sohn des Zensors, und Agrippina mit Germanicus, dem Enkel seiner Schwester. Gaius und Lucius adoptierte er im Hause ihres Vaters Agrippa in der altertümlichen juristischen Form des Kaufes. Bereits in jungen Jahren machte er sie mit der Staatsverwaltung vertraut und sandte sie als designierte Konsuln in verschiedene Provinzen und zu einzelnen Heeren. (2) Seine Tochter und Enkelinnen erzog er so, daß er sie sogar an das Wollespinnen gewöhnte und es ihnen strengstens untersagte, etwas zu sagen oder zu tun, was nicht für die Öffentlichkeit bestimmt war und was nicht in den täglichen Hofnachrichten mitgeteilt werden konnte. An einem Zusammentreffen mit fernerstehenden Personen hinderte er sie, so daß er an L. Vinicius, einem vornehmen und anständigen jungen Mann, einmal schrieb, er habe nicht genügend sittsam gehandelt, als er nach Baiae[123] gekommen sei, um seiner Tochter seine Aufwartung zu machen. (3) Augustus brachte seinen Enkeln meist selbst das Lesen und Schreiben, Schwimmen und Elementarkenntnisse in anderen Bereichen bei, und er bemühte sich um nichts so sehr, als daß sie seine eigene Handschrift nachahmen lernten; er speiste mit ihnen gemeinsam nur, wenn sie am untersten Ende seines Speisedivans saßen, und eine Reise unternahm er nur, wenn sie im Wagen vorausfuhren oder neben ihm her ritten. 65 (1) Aber Augustus, der mit großer Freude auf seine Nachkommenschaft und auf die Zucht seines Hauses vertraute, verließ das Glück. Die beiden Iuliae, seine Tochter und seine Enkelin, schickte er in die Verbannung, da sie sich mit allen nur denkbaren Schandtaten befleckt hatten; Gaius und Lucius verlor er beide in einem Zeitraum von nur achtzehn Monaten: Gaius verstarb in Lykien, Lucius in Massilia[124]. Augustus adoptierte seinen dritten Enkel Agrippa und mit ihm zugleich seinen Stiefsohn Tiberius auf dem Forum in der juristischen Form eines Gesetzes der Kuriatkomitien; kurz darauf trennte er sich aber wieder von Agrippa wegen seines niederträchtigen und unbändigen Charakters und verbannte ihn nach Surrentum.

(2) Aliquanto autem patientius mortem quam dedecora suorum tulit. nam C. Lucique casu non adeo fractus, de filia absens ac libello per quaestorem recitato notum senatui fecit abstinuitque congressu hominum diu prae pudore, etiam de necanda deliberavit. certe cum sub idem tempus una ex consciis liberta Phoebe suspendio vitam finisset, maluisse se ait Phoebes patrem fuisse. (3) relegatae usum vini omnemque delicatiorem cultum ademit neque adiri a quoquam libero servo[q]ue nisi se consulto permisit, et ita ut certior fieret, qua is aetate, qua statura, quo colore esset, etiam quibus corporis notis vel cicatricibus. post quinquennium demum ex insula in continentem lenioribusque paulo condicionibus transtulit eam. nam ut omnino revocaret, exorari nullo modo potuit, deprecanti saepe p. R. et pertinacius instanti tales filias talesque coniuges pro contione inprecatus. ex nepte Iulia post damnationem editum infantem adgnosci alique vetuit. (4) Agrippam nihilo tractabiliorem, immo in dies amentiorem in insulam transportavit saepsitque insuper custodia militum. cavit etiam s. c. ut eodem loci in perpetuum contineretur. atque ad omnem et eius et Iuliarum mentionem ingemiscens proclamare etiam solebat:

›αἴθ᾽ ὄφελον ἄγαμός τ᾽ ἔμεναι ἄγονός τ᾽ ἀπολέσθαι‹

(2) Augustus ertrug aber den Tod der Seinen weit gefaßter als ihre Schandtaten; so trug er an dem Tod von Gaius und Lucius nicht allzu schwer, über seine Tochter aber unterrichtete er den Senat in seiner Abwesenheit dadurch, daß er einen Quaestor ein Schreiben vorlesen ließ; er selbst hielt sich aus Scham lange Zeit von einer Begegnung mit der Öffentlichkeit fern, ja er erwog sogar Selbstmord. Jedenfalls meinte er, als ungefähr zu derselben Zeit die Vertraute Iulias, eine Freigelassene mit Namen Phoebe, ihrem Leben durch Erhängen ein Ende gesetzt hatte, er hätte lieber der Vater von Phoebe sein wollen. (3) Der verbannten Tochter entzog er den Genuß des Weines, verbot ihr jegliche Annehmlichkeit und erlaubte ihr weder den Besuch eines Freien noch Sklaven, außer mit seiner ausdrücklichen Zustimmung, und zwar ließ er sich für diesen Fall über Alter, Statur, Gesichtsfarbe sowie etwaige Körpermerkmale oder Narben des Besuchers informieren. Erst nach einem Zeitraum von fünf Jahren ließ er sie von der Insel aufs Festland bringen und räumte ihr ein wenig angenehmere Lebensbedingungen ein. Denn er ließ sich auf keine Art und Weise durch Bitten dazu bewegen, sie vollständig aus der Verbannung zurückzurufen, und dem Volk, das sich oft mit Nachdruck für die Freilassung einsetzte und diese Bitte recht hartnäckig vortrug, wünschte er vor der Versammlung »solche Töchter und Ehegatten«. (4) Agrippa, mit dem man immer weniger auskommen konnte, ließ er sogar, da er von Tag zu Tag mehr dem Wahnsinn verfiel, auf eine Insel bringen und darüber hinaus von Soldaten streng bewachen. Er sorgte sogar durch einen Senatsbeschluß dafür, daß Agrippa lebenslänglich an diesem Ort in Haft bleiben mußte. (5) Und Augustus zitierte gewöhnlich bei jeder Erwähnung von Agrippa oder den beiden Iuliae seufzend sogar folgenden Homervers:

»Wäre ich doch unverheiratet geblieben und kinderlos gestorben!«[125]

nec aliter eos appellare quam tris vomicas ac tria carcinomata
sua.

66 (1) Amicitias neque facile admisit et constantissime retinuit, non tantum virtutes ac merita cuiusque digne prosecutus, sed vitia quoque et delicta, dum taxat modica, perpes-
sus. neque enim temere ex omni numero in amicitia eius
afflicti reperientur praeter Salvidienum Rufum, quem ad
consulatum usque, et Cornelium Gallum, quem ad praefecturam Aegypti, ex infima utrumque fortuna provexerat.
(2) quorum alterum res novas molientem damnandum senatui tradidit, alteri ob ingratum et malivolum animum domo
et provinciis suis interdixit. sed Gallo quoque et accusa-
torum denuntiationibus et senatus consultis ad necem con-
pulso laudavit quidem pietatem tanto opere pro se indignan-
tium, ceterum et inlacrimavit et vicem suam conquestus
est, quod sibi soli non liceret amicis, quatenus vellet, irasci.
(3) reliqui potentia atque opibus ad finem vitae sui quisque
ordinis principes floruerunt, quanquam et offensis interve-
nientibus. desideravit enim nonnumquam, ne de pluribus
referam, et M. Agrippae patientiam et Maecenatis taciturni-
tatem, cum ille ex levi ⟨f⟩rigoris suspicione et quod Marcellus sibi anteferretur, Mytilenas se relictis omnibus contulisset, [et] hic secretum de comperta Murenae coniuratione
uxori Terentiae prodidisset.
(4) Exegit et ipse in vicem ab amicis benivolentiam mutuam,
tam a defunctis quam a vivis. nam quamvis minime appeteret

und pflegte sie nicht anders als »seine drei Eiterbeulen und Krebsgeschwüre« zu bezeichnen.

66 (1) Freundschaften ging Augustus nicht leicht ein, hielt dann aber, wenn sie einmal geschlossen waren, um so beständiger daran fest; dabei verstand er es nicht nur, die Tugenden und Verdienste eines jeden zu würdigen, sondern auch seine Laster und Vergehen zu ertragen, solange sie geringfügig waren. Denn man wird aus der Gesamtzahl seiner Freunde kaum einen ausfindig machen, den er hätte in Ungnade fallen lassen, mit Ausnahme von Salvidienus Rufus, den er zum Konsul, und Cornelius Gallus[126], den er zum Präfekten von Ägypten befördert hatte, obgleich beide aus niedrigsten Verhältnissen stammten. (2) Rufus, der nach Umsturz trachtete, übergab er dem Senat zur Verurteilung, Gallus untersagte er wegen seiner undankbaren und mißgünstigen Gesinnung den Zutritt zu seinem Haus und seinen Provinzen. Aber als Gallus durch Anzeigen der Ankläger und Senatsbeschlüsse zum Selbstmord getrieben worden war, lobte er zwar die ihm erwiesene Treue derjenigen, die sich so sehr darüber entrüsteten, beklagte im übrigen aber sein Los, weil ihm allein nicht erlaubt sei, den Freunden nur so weit zu zürnen, als er es wolle. (3) Die übrigen Freunde erfreuten sich bis ans Lebensende in hohem Grade ihrer Macht und ihres Reichtums, obgleich auch beleidigende Streitereien zwischen ihnen vorkamen. Er vermißte nämlich manchmal bei M. Agrippa Nachsicht und bei Maecenas Verschwiegenheit – von anderen erst gar nicht zu sprechen; denn M. Agrippa hatte, weil er den leisen Verdacht hegte, daß er kühl behandelt und ihm Marcellus vorgezogen werde, alles aufgegeben und sich nach Mytilene begeben, Maecenas hingegen hatte seiner Gattin Terentia das Geheimnis über die Entdeckung der Verschwörung des Murena[127] preisgegeben.

(4) Augustus forderte auch selbst von seinen Freunden gegenseitiges Wohlwollen, sowohl nach ihrem Tode als auch zu ihren Lebzeiten. Denn obgleich er es keineswegs auf

hereditates, ut qui numquam ex ignoti testamento capere
quicquam sustinuerit, amicorum tamen suprema iudicia
morosissime pensitavit, neque dolore dissimulato, si parcius
aut citra honorem verborum, neque gaudio, si grate pieque
quis se prosecutus fuisset. legata vel partes hereditatium a
quibuscumque parentibus relicta sibi aut statim liberis
eorum concedere aut, si pupillari aetate essent, die virilis
togae vel nuptiarum cum incremento restituere consueverat.

67 (1) Patronus dominusque non minus severus quam facilis
et clemens multos libertorum in honore et usu maximo
habuit, ut Licin[i]um et Celadum aliosque. Cosmum servum
gravissime de se opinantem non ultra quam compedibus
coercuit. Diomeden dispensatorem, a quo simul ambulante
incurrenti repente fero apro per metum obiectus est, maluit
timiditatis arguere quam noxae remque non minimi periculi,
quia tamen fraus aberat, in iocum vertit. (2) idem Polum ex
acceptissimis libertis mori coegit compertum adulterare
matronas; Thallo a manu, quod pro epistula prodita denarios quingentos accepisset, crura ei fregit; paedagogum
ministrosque C. fili, per occasionem valitudinis mortisque
eius superbe avareque in provincia grassatos, oneratos gravi
pondere cervicibus praecipitavit in flumen.

68 Prima iuventa variorum dedecorum infamiam subiit.

Erbschaften abgesehen hatte – wie er niemals das Geringste
aus dem Nachlaß eines ihm Unbekannten angenommen
hat –, so wog er dennoch den letzten Willen seiner Freunde
geradezu pedantisch ab und verhehlte weder seinen
Schmerz, wenn jemand ihn mit recht kargen und zu wenig
ehrenvollen Worten bedachte, noch seine Freude, wenn sich
jemand dankbar und gewissenhaft zeigte. Vermächtnisse
oder Erbschaftsanteile, die ihm von welchen Eltern auch
immer, hinterlassen wurden, gab er gewöhnlich entweder
sofort an deren Kinder weiter oder, wenn sie noch unmün-
dig waren, am Tag ihrer Mündigkeit oder Verheiratung mit
Zinsen zurück.

67 (1) Als Patron und Herr vermochte Augustus nicht
weniger streng als gefällig und milde zu sein; es standen viele
seiner Freigelassenen, die täglichen Umgang mit ihm hatten,
bei ihm in größter Ehre, wie zum Beispiel Licinius, Celadus
und andere. Seinen Sklaven Cosmus, der sich sehr abfällig
über ihn geäußert hat, ließ er lediglich in Fesseln legen.
Seinen Verwalter Diomedes, von dem er im Verlaufe eines
gemeinsamen Spazierganges im Stich gelassen wurde, als
plötzlich ein wilder Eber auf sie zustürmte, wollte er lieber
wegen seiner Furchtsamkeit als wegen seines Vergehens
tadeln und zog die Angelegenheit, wiewohl sie keineswegs
ungefährlich war, ins Lächerliche, weil ja eine böswillige
Absicht nicht vorlag. (2) Zugleich aber zwang er Polus,
einen seiner ihm liebsten Freigelassenen, Selbstmord zu
begehen, als er in Erfahrung gebracht hatte, daß er mit
Damen aus vornehmer Gesellschaft Ehebruch begangen
hatte; seinem Sekretär Thallus ließ er die Beine brechen, weil
er den Inhalt eines Briefes von Augustus weitergegeben und
dafür fünfhundert Denare erhalten hatte; den Erzieher und
die Diener seines Sohnes Gaius, die dessen Krankheit und
Tod als Gelegenheit dazu benutzten, sich in der Provinz
anmaßend und habgierig zu gebärden, ließ er mit schweren
Gewichten am Hals in den Fluß stürzen.

68 In seiner frühen Jugendzeit gelangte Augustus in den

Sextus Pompeius ut effeminatum insectatus est; M. Antonius adoptionem avunculi stupro meritum; item L. Marci frater, quasi pudicitiam delibatam a Caesare Aulo etiam Hirtio in Hispania trecentis milibus nummum substraverit solitusque sit crura suburere nuce ardenti, quo mollior pilus surgeret. sed et populus quondam universus ludorum die et accepit in contumeliam eius et adsensu maximo conprobavit versum in scaena pronuntiatum de gallo Matris deum tympanizante:

>videsne, ut cinaedus orbem digito temperat?<

69 (1) adulteria quidem exercuisse ne amici quidem negant, excusantes sane non libidine, sed ratione commissa, quo facilius consilia adversariorum per cuiusque mulieres exquireret. M. Antonius super festinatas Liviae nuptias obiecit et feminam consularem e triclinio viri coram in cubiculum abductam, rursus in convivium rubentibus auriculis incomptiore capillo reductam; dimissam Scriboniam, quia liberius doluisset nimiam potentiam paelicis; condiciones quaesitas per amicos, qui matres familias et adultas aetate virgines denudarent atque perspicerent, tamquam Toranio mangone vendente. (2) scribit etiam ad ipsum haec familiariter adhuc

Ruf, verschiedene Schandtaten begangen zu haben. Sextus Pompeius verunglimpfte ihn, er sei effeminiert; M. Antonius hielt ihm vor, sich die Adoption durch seinen Onkel durch Preisgabe seiner Unschuld verdient zu haben; Lucius, der Bruder von Marcus, erhob sogar den Vorwurf, Augustus habe die ihm bereits von Caesar genommene Unschuld noch einmal Aulus Hirtius in Spanien für einen Betrag von dreihunderttausend Sesterzen dargeboten und habe sich gewöhnlich die Haare an seinen Beinen mit einer heißen Nußschale abgesengt, damit um so weicheres Haar nachwachse. Aber auch das gesamte Volk sah an einem Tag, als Theateraufführungen stattfanden, folgenden Vers, in dem es von einem die Handpauke schlagenden Priester der Kybele hieß:

»Siehst du, wie der Wüstling mit einem Finger den
                           [Erd-]Kreis[128] regiert?«

als eine Beleidigung an, die auf Augustus zielte, und billigte diesen Vers[129] unter größter Zustimmung. 69 (1) Daß Augustus mehrmals Ehebruch mit verheirateten Frauen begangen hat, streiten nicht einmal seine Freunde ab, geben aber als Rechtfertigungsgrund an, er habe dies nicht aus Wollust, sondern aus wohlüberlegten politischen Erwägungen getan, um die Pläne seiner Gegner durch deren Frauen um so leichter in Erfahrung zu bringen. M. Antonius hielt ihm neben der übereilten Heirat mit Livia vor, er habe sogar die Gattin eines Konsulars vor den Augen ihres Mannes aus dem Speisesaal ins Schlafgemach geführt und habe sie mit roten Ohren und mit in Unordnung geratener Frisur zur Tischgesellschaft zurückgebracht; Scribonia sei deshalb verstoßen worden, weil sie sich zu freimütig über den allzu großen Einfluß einer Nebenbuhlerin beklagt habe; er gab seinen Freunden den Auftrag, verheiratete Frauen und erwachsene junge Mädchen zu entkleiden und in Augenschein zu nehmen, wie wenn sie einen Kauf beim Sklavenhändler Toranius tätigen wollten. (2) Es schreibt Antonius sogar an ihn in

necdum plane inimicus aut hostis: ›quid te mutavit? quod.
reginam ineo? uxor mea est. nunc coepi an abhinc annos
novem? tu deinde solam Drusillam inis? ita valeas, uti tu,
hanc epistulam cum leges, non inieris Tertullam aut Teren-
tillam aut Rufillam aut Salviam Titiseniam aut omnes. an
refert, ubi et in qua arrigas?‹

70 (1) Cena quoque eius secretior in fabulis fuit, quae vulgo
δωδεκάθεος vocabatur; in qua deorum dearumque habitu
discubuisse convivas et ipsum pro Apolline ornatum non
Antoni modo epistulae singulorum nomina amarissime
enumerantis exprobrant, sed et sine auctore notissimi
versus:

> ›cum primum istorum conduxit mensa choragum,
>   sexque deos vidit Mallia sexque deas,
> impia dum Phoebi Caesar mendacia ludit,
>   dum nova divorum cenat adulteria:
> omnia se a terris tunc numina declinarunt,
>   fugit et auratos Iuppiter ipse thronos.‹

(2) auxit cenae rumorem summa tunc in civitate penuria ac
fames, adclamatumque est postridie: ›omne frumentum deos
comedisse‹ et ›Caesarem esse plane Apollinem, sed Torto-

einem freundschaftlich gehaltenen Brief, als er noch nicht
sein Gegner oder gar persönlicher Feind war: »Was hat
Deinen Meinungswechsel hervorgerufen? Etwa, weil ich bei
der Königin schlafe? Sie ist meine Frau. Habe ich erst jetzt
damit begonnen oder schon vor neun Jahren? Und schläfst
Du denn nur bei Drusilla? Es geht Dir so gut, daß Du, wenn
Du diesen Brief liest, bei Tertulla, Terentilla, Rufilla, Salvia
Titisenia oder allen zusammen geschlafen hast. Kommt es
letztendlich darauf an, wo und mit wem man seine Lust
befriedigt?«

70 (1) Auch eine bei ihm geladene geheime Tischgemein-
schaft, die allgemein die Zwölf-Götter-Tafel genannt wurde,
war Thema des Stadtgesprächs; an diesem Fest haben die
Gäste angeblich im Gewande von Göttern und Göttinnen
teilgenommen und Augustus selbst als Apollo[130]; diese Vorwürfe enthalten nicht nur die Briefe von Antonius, der darin
auch die Namen der einzelnen Gäste in besonders bitterem
Unterton aufzählt, sondern auch die allseits bekannten
Verse eines anonymen Autors:[131]

> »Sobald die Tischgesellschaft dieser verkommenen
>   Personen den
> Regisseur gemietet und Mallia sechs Götter und sechs
> Göttinnen erblickt hatte, während Caesar sich frevelnd
>   anmaßte,
> Apollo zu spielen, während er beim Mahle neue
>   Liebschaften der
> Götter darstellte: da wandten sich alle Gottheiten von der
>   Erde ab,
> Iupiter selbst sogar ergriff die Flucht von dem vergoldeten
>   Thron.«

(2) Die öffentliche Mißbilligung dieses Mahls verstärkte sich
angesichts der Tatsache, daß zum damaligen Zeitpunkt eine
besonders große Hungersnot herrschte, und am folgenden Tag rief man bei Augustus' Auftreten: »Das gesamte
Getreide haben die Götter aufgegessen« und »Caesar ist

rem‹, quo cognomine is deus quadam in parte urbis colebatur. notatus est et ut pretiosae supellectilis Corinthiorumque praecupidus et aleae indulgens. nam et proscriptionis tempore ad statuam eius ascriptum est:

›pater argentarius, ego Corinthiarius,‹

cum existimaretur quosdam propter vasa Corinthia inter proscriptos curasse referendos; et deinde bello Siciliensi epigramma vulgatum est:

›postquam bis classe victus naves perdidit,
aliquando ut vincat, ludit assidue aleam.‹

71 (1) ex quibus sive criminibus sive maledictis infamiam impudicitiae facillime refutavit et praesentis et posterae vitae castitate; item lautitiarum invidiam, cum et Alexandria capta nihil sibi praeter unum murrinum calicem ex instrumento regio retinuerit et mox vasa aurea assiduissimi usus conflaverit omnia. circa libidines haesit, postea quoque, ut ferunt, ad vitiandas virgines promptior, quae sibi undique etiam ab uxore conquirerentur. aleae rumorem nullo modo expavit lusitque simpliciter et palam oblectamenti causa etiam senex ac praeterquam Decembri mense aliis quoque festis et profestis diebus. nec id dubium est. (2) autographa quadam

offensichtlich Apollo, aber Apollo der Folterer«, ein Beiname, unter dem dieser Gott in einem gewissen Stadtteil verehrt wurde. Man erhob gegenüber Augustus den Vorwurf, er sei auf wertvollen Hausrat und korinthische Vasen besonders erpicht und dem Würfelspiel allzusehr ergeben. Denn zur Zeit der Proskriptionen trug sein Standbild die Kritzelei:[132]

»Mein Vater war Argentarius, ich bin Korinthiarius«,[133]

weil man die Auffassung vertrat, er habe wegen korinthischer Vasen einige Leute in die Proskriptionslisten aufnehmen lassen; und später, im Sizilischen Krieg, wurde folgendes Epigramm[134] verbreitet:

»Nachdem er zweimal zur See besiegt seine Schiffe
                                                verloren hatte,
probiert er ständig sein Glück im Würfelspiel, um
                                        wenigstens einmal zu siegen.«[135]

71 (1) Von diesen Vorwürfen oder Verleumdungen vermochte er durch die damalige als auch spätere Keuschheit seiner Lebensweise die Anschuldigung, unrein zu leben, sehr leicht zurückzuweisen, desgleichen auch die Verdächtigung, das üppige Leben zu schätzen; er behielt nämlich nach der Einnahme von Alexandria aus dem königlichen Hausrat für sich selbst nichts außer einem einzigen murrinischen Becher und ließ später alle goldenen Gefäße für den täglichen Bedarf umschmelzen. Von den sinnlichen Ausschweifungen vermochte er nicht loszukommen, und er war auch später noch, wie man berichtet, jungen Mädchen sehr zugeneigt, die ihm von allen Seiten, sogar von seiner Gattin, vermittelt wurden. Das Gerücht von seiner Schwäche für das Würfelspiel schreckte ihn keineswegs, und er spielte noch als alter Mann offen und unverhohlen zur Unterhaltung und nicht nur im Monat Dezember, sondern auch an anderen Fest- und Werktagen. Und darüber besteht kein Zweifel. (2) In einem eigenhändig geschriebenen Brief teilt

epistula: ›cenavi‹, ait, ›mi Tiberi, cum isdem; accesserunt
convivae Vinicius et Silius pater. inter cenam lusimus geron-
ticos et heri et hodie; talis enim iactatis, ut quisque canem
aut senionem miserat, in singulos talos singulos denarios in
medium conferebat, quos tollebat universos, qui Venerem
iecerat.‹ (3) et rursus aliis litteris: ›nos, mi Tiberi, Quinqua-
trus satis iucunde egimus; lusimus enim per omnis dies
forumque aleatorum calfecimus. frater tuus magnis clamori-
bus rem gessit; ad summam tamen perdidit non multum, sed
ex magnis detrimentis praeter spem paulatim retractum est.
ego perdidi viginti milia nummum meo nomine, sed cum
effuse in lusu liberalis fuissem, ut soleo plerumque. nam si
quas manus remisi cuique exegissem aut retinuissem quod
cuique donavi, vicissem vel quinquaginta milia. sed hoc
malo; benignitas enim mea me ad caelestem gloriam efferet.‹
(4) scribit ad filiam: ›misi tibi denarios ducentos quinquaginta, quos singulis convivis dederam, si vellent inter se inter
cenam vel talis vel par impar ludere.‹

72 (1) In ceteris partibus vitae continentissimum constat ac
sine suspicione ullius vitii. habitavit primo iuxta Romanum
forum supra Scalas anularias, in domo quae Calvi oratoris
fuerat; postea in Palatio, sed nihilo minus aedibus modicis
Hortensianis, et neque laxitate neque cultu conspicuis, ut in
quibus porticus breves essent Albanarum columnarum et
sine marmore ullo aut insigni pavimento conclavia. ac per

er mit: »Ich habe, mein lieber Tiberius, mit denselben Personen gespielt; es kamen Vinicius und der ältere Silius als Gäste hinzu. Während des Essens haben wir nach Greisenart gespielt, sowohl gestern als auch heute; wir würfelten nach der Regel, daß jeder, der den Hund oder die Sechs geworfen hatte, für jeden Würfel je einen Denar in die Mitte legen mußte, die alle der nehmen durfte, der die Venus geworfen hatte.«[136] (3) Und wiederum in einem anderen Brief: »Wir haben, mein lieber Tiberius, das Minervafest recht angenehm verbracht; wir haben nämlich an allen Tagen gespielt und das Würfelbrett warm gehalten. Dein Bruder hat während des Spiels öfter laut gerufen; im Ganzen hat er nicht viel verloren, sondern hat sich von den großen Verlusten wider Erwarten nach und nach erholt. Ich für meine Person habe zwanzigtausend Sesterzen verloren, aber nur aus dem Grunde, weil ich, wie ich es meistens zu tun pflege, maßlos entgegenkommend bin. Denn wenn ich alle Einsätze, die ich einem jeden erlassen habe, eingefordert oder zurückbehalten hätte, was ich einem jeden geschenkt habe, so hätte ich wohl ungefähr fünfzigtausend Sesterzen gewonnen. Aber das ziehe ich vor; denn meine Güte wird mich zu himmlischem Ruhm erheben.« (4) Er schreibt an seine Tochter: »Ich habe Dir zweihundertfünfzig Denare geschickt, die ich jedem einzelnen Gast jeweils gegeben habe, wenn sie während des Essens miteinander Würfel, Gerade und Ungerade spielen wollten.«

72 (1) In den übrigen Lebensbereichen war Augustus erwiesenermaßen äußerst enthaltsam und über jeden Verdacht irgendeines Lasters erhaben. Anfangs wohnte er direkt am Forum Romanum oberhalb der Ringmachertreppe in einem Haus, das im Besitz des Redners Calvus gewesen war; später auf dem Palatin, aber auch dort lediglich in einem anspruchslosen Haus des Hortensius, das weder durch Geräumigkeit noch durch Luxus hervorstach, in dem sich vielmehr nur niedrige Hallen mit Säulen aus Peperin und Gemächer ohne Marmor und auffallende Mosaikböden befanden. Und

annos amplius quadraginta eodem cubiculo hieme et aestate
mansit, quamvis parum salubrem valitudini suae urbem
hieme experiretur assidueque in urbe hiemaret. (2) si quando
quid secreto aut sine interpellatione agere proposuisset, erat
illi locus in edito singularis, quem Syracusas et technyphion
vocabat: huc transibat aut in alicuius libertorum subur-
banum; aeger autem in domo Maecenatis cubabat. ex seces-
sibus praecipue frequentavit maritima insulasque Campaniae
aut proxima urbi oppida, Lanuvium, Praeneste, Tibur, ubi
etiam in porticibus Herculis templi persaepe ius dixit.
(3) ampla et operosa praetoria gravabatur. et neptis quidem
suae Iuliae, profuse ab ea extructa, etiam diruit ad solum,
sua vero quamvis modica non tam statuarum tabularumque
pictarum ornatu quam xystis et nemoribus excoluit rebusque
vetustate ac raritate notabilibus, qualia sunt Capreis imma-
nium beluarum ferarumque membra praegrandia, quae
dicuntur gigantum ossa, et arma heroum. **73** instrumenti
eius et supellectilis parsimonia apparet etiam nunc residuis
lectis atque mensis, quorum pleraque vix privatae elegantiae
sint. ne toro quidem cubuisse aiunt nisi humili et modice
instrato. veste non temere alia quam domestica usus est, ab
sorore et uxore et filia neptibusque confecta; togis neque
restrictis neque fusis, clavo nec lato nec angusto, calciamen-

er schlief über vierzig Jahre lang, winters wie sommers, in ein und demselben Gemach; obgleich er am eigenen Leibe erfahren mußte, daß das Klima in Rom zur Winterzeit seiner Gesundheit wenig zuträglich war, hielt er sich ständig dort auf. (2) Wenn er sich einmal vorgenommen hatte, nur für sich und ohne gestört zu werden zu arbeiten, so suchte er ein für solche Zwecke vorgesehenes Zimmer im Obergeschoß auf, das er »Syrakus« und »kleines Atelier« nannte: hierhin oder auf das Landgut eines seiner Freigelassenen, das in der Nähe von Rom lag, zog er sich zurück; wenn er aber krank war, pflegte er im Hause des Maecenas zu wohnen. Seinen Sommeraufenthalt verbrachte er vornehmlich am Meer, auf den Campanien vorgelagerten Inseln oder in den Landstädten in der näheren Umgebung von Rom, wie etwa Lanuvium, Praeneste und Tibur, wo er sogar in den Säulenhallen des Herkulestempels sehr häufig Recht sprach. (3) In großräumigen und kunstreichen Palästen fühlte er sich bedrückt und unwohl. So ließ er etwa den Palast seiner Enkelin Iulia, den sie mit verschwenderischem Aufwand errichtet hatte, bis auf die Grundmauern zerstören, seine eigenen Paläste aber, obgleich bescheiden eingerichtet, stattete er weniger mit Statuen und Gemälden aus, als vielmehr mit bedeckten Kolonnaden und Parkanlagen sowie mit Altertümern und seltenen, kostbaren Einzelstücken. So findet man in seinem Haus auf Capri riesenhafte Knochen gewaltiger Land- und Seetiere, die sogenannten Gigantenknochen, und Waffen von Heroen. **73** Die Sparsamkeit seiner Verwendung von Mobiliar und Hausrat wird aus den noch heute existierenden Betten und Tischen deutlich, deren meiste wohl kaum für einen Privatmann fein genug sein dürften. Man behauptet, er habe lediglich auf einem niedrigen und bescheiden gepolsterten Bett geschlafen. Als Kleidung trug er kaum je eine andere als Hausgewandung, die von seiner Schwester, Gattin, Tochter oder seinen Enkelinnen angefertigt war; seine Toga war weder zu eng noch zu weit, der Purpursaum weder zu breit noch zu schmal, das Schuhwerk etwas zu

tis altiusculis, ut procerior quam erat videretur. et forensia
autem et calceos numquam non intra cubiculum habuit ad
subitos repentinosque casus parata.

74 Convivabatur assidue nec umquam nisi recta, non sine
magno ordinum hominumque dilectu. Valerius Messala tradit, neminem umquam libertinorum adhibitum ab eo cenae
excepto Mena, sed asserto in ingenuitatem post proditam
Sexti Pompei classem. ipse scribit, invitasse se quondam, in
cuius villa maneret, qui speculator suus olim fuisset. convi-
via nonnumquam et serius inibat et maturius relinquebat,
cum convivae et cenare inciperent, prius quam ille discum-
beret, et permanerent digresso eo. cenam ternis ferculis aut
cum abundantissime senis praebebat, ut non nimio sumptu,
ita summa comitate. nam et ad communionem sermonis
tacentis vel summissim fabulantis provocabat, et aut
acro⟨a⟩mata et histriones aut etiam triviales ex circo
lud⟨i⟩os interponebat ac frequentius aretalogos.

75 Festos et sollemnes dies profusissime, nonnumquam
tantum ioculariter celebrabat. Saturnalibus, et si quando
alias libuisset, modo munera dividebat, vestem et aurum et
argentum, modo nummos omnis notae, etiam veteres regios
ac peregrinos, interdum nihil praeter cilicia et spongias et

hoch, so daß er größer zu sein schien, als er in Wirklichkeit war. Kleider und Schuhe für öffentliche Auftritte hielt er stets in seinem Gemach für unerwartete und plötzliche Ereignisse bereit.

74 Augustus lud regelmäßig Gesellschaften ein, wobei die Gäste stets ein Mahl mit mehreren Gängen erhielten; er berücksichtigte dabei besonders Rang und Person. Valerius Messala[137] überliefert, daß kein Freigelassener jemals von Augustus zu einem Essen geladen war, mit Ausnahme von Menas, der aber, nachdem er die Flotte des Sextus Pompeius an Augustus verraten hatte, den Status eines Freigelassenen erhalten hatte. Augustus selbst schreibt, er habe einmal einen ehemaligen Leibwächter, in dessen Landhaus er weilte, eingeladen. Manchmal kam er zu den Gesellschaften zu spät und verließ sie früher, während die Gäste mit dem Mahl beginnen durften, bevor er Platz genommen hatte, und bleiben konnten, nachdem er wieder fortgegangen war. Ein Mahl ließ er mit drei Gängen oder, wenn es besonders reichlich war, mit sechs Gängen auftragen, wobei der Aufwand zwar nicht allzu groß war, Augustus sich aber von seiner liebenswürdigsten Seite zeigte; denn er verstand es gewöhnlich, schweigsame oder solche Gäste, die sich nur leise miteinander unterhielten, in das allgemeine Gespräch einzubeziehen, und im Verlaufe des Essens ließ er Musiker, Schauspieler oder sogar gewöhnliche Pantomimen aus dem Circus und noch öfter Geschichtenerzähler auftreten.

75 Feste und Feiertage beging Augustus mit verschwenderischem Aufwand, manchmal lediglich mit irgendwelchen Scherzen. An den Saturnalien[138], und wenn es ihm zu einem anderen Zeitpunkt beliebte, verteilte er bald Geschenke, Kleider, Gold und Silber, bald Münzen jeder Prägung, sogar alte königliche oder ausländische, zuweilen nur Decken aus Ziegenhaaren, Schwämme, Ofenhaken, Feuerzangen und andere derartige Gegenstände, mit dunklen und zweideutigen Aufschriften. Gewöhnlich verkaufte er während des Gastmahls Lose für Gewinne von sehr ungleichem Wert und

rutabula et forpices atque alia id genus titulis obscuris et
ambiguis. solebat et inaequalissimarum rerum sortes et aver-
sas tabularum picturas in convivio venditare incertoque casu
spem mercantium vel frustrari vel explere, ita ut per singulos
lectos licitatio fieret et seu iactura seu lucrum communicare-
tur. **76** (1) cibi – nam ne haec quidem omiserim – minimi erat
atque vulgaris fere. secundarium panem et pisciculos minu-
tos et caseum bibulum manu pressum et ficos virides biferas
maxime appetebat; vescebaturque et ante cenam quocumque
tempore et loco, quo stomachus desiderasset. verba ipsius ex
epistulis sunt: ›nos in essedo panem et palmulas gustavimus.‹
(2) et iterum: ›dum lectica ex regia domum redeo, panis
unciam cum paucis acinis uvae duracinae comedi.‹ et rursus:
›ne Iudaeus quidem, mi Tiberi, tam diligenter sabbatis
ieiunium servat quam ego hodie servavi, qui in balineo
demum post horam primam noctis duas buccas manducavi
prius quam ungui inciperem.‹ ex hac inobservantia nonnumquam vel ante initum vel post dimissum convivium solus
cenitabat, cum pleno convivio nihil tangeret. **77** vini quoque
natura parcissimus erat. non amplius ter bibere eum solitum
super cenam in castris apud Mutinam, Cornelius Nepos
tradit. postea quotiens largissime se invitaret, senos sextan-
tes non excessit, aut si excessisset, reiciebat. et maxime
delectatus est Raetico neque temere interdiu bibit. pro
potione sumebat perfusum aqua frigida panem aut cucume-
ris frustum vel lactuculae thyrsum aut recens aridumve
pomum suci vinosioris.

Gemälde, von denen lediglich die Rückseite zu sehen war, wobei der ungewisse Ausgang die Hoffnung der Käufer entweder enttäuschte oder erfüllte; dies geschah so, daß an den einzelnen Tischen jeweils geboten und der Verlust und der Gewinn gemeinsam getragen wurde. 76 (1) Die Speisen, die Augustus zu sich nahm – denn auch dies möchte ich nicht übergehen –, waren sehr knapp bemessen und beinahe gewöhnlich. Besonders schätzte er einfaches, weißes Brot, winzige Fische, handgepreßten Käse mit Löchern und frische Feigen, von jener Sorte, die zweimal im Jahr reif werden. Er nahm sogar vor der Hauptmahlzeit Speisen zu sich, zu jeder Zeit und an jedem Ort, wenn sein Magen danach verlangte. Seine eigenen Worte dazu in Briefen sind folgende: »Wir haben im Wagen Brot und Datteln genossen.« (2) Und an anderer Stelle: »Während ich in der königlichen Sänfte nach Hause zurückkehrte, habe ich eine Unze Brot und einige wenige hartschalige Weinbeeren verzehrt.« Und an einer dritten Stelle: »Nicht einmal ein Jude, mein lieber Tiberius, hält am Sabbat das Fasten so gewissenhaft ein wie ich es heute getan habe, der ich im Bade erst eine Stunde nach Sonnenuntergang zwei Bissen zu mir nahm, bevor ich mich salben ließ.« Infolge dieser Unregelmäßigkeit pflegte er zuweilen vor Beginn oder nach Aufhebung der Tafel allein zu speisen, während er bei Tische nichts anrühren konnte. 77 Auch im Weingenuß war er von Natur aus äußerst zurückhaltend. Wie Cornelius Nepos[139] berichtet, hat Augustus während des Essens im Lager bei Mutina gewöhnlich nicht mehr als dreimal getrunken. Später hat er, jedesmal wenn er reichlich zechen wollte, nicht mehr als einen Liter getrunken, und wenn er dieses Maß überschritten hatte, mußte er sich übergeben. Am meisten schätzte er den Raeterwein[140], trank aber tagsüber nicht ohne weiteres. Anstatt zu trinken, pflegte er ein in kaltes Wasser getauchtes Stück Brot oder ein Stück Gurke, einen Lattichstengel oder auch frisches oder getrocknetes Obst mit leichtem Weingeschmack zu sich zu nehmen.

78 (1) Post cibum meridianum, ita ut vestitus calciatusque
erat, retectis pedibus paulisper conquiescebat opposita ad
oculos manu. a cena in lecticulam se lucubratoriam recipie-
bat; ibi, donec residua diurni actus aut omnia aut ex maxima
parte conficeret, ad multam noctem permanebat. in lectum
inde transgressus non amplius cum plurimum quam septem
horas dormiebat, ac ne eas quidem continuas, sed ut in illo
temporis spatio ter aut quater expergisceretur. (2) si inter-
ruptum somnum reciperare, ut evenit, non posset, lectori-
bus aut fabulatoribus arcessitis resumebat producebatque
ultra primam saepe lucem. nec in tenebris vigilavit umquam
nisi assidente aliquo. matutina vigilia offendebatur; ac si vel
officii vel sacri causa maturius vigilandum esset, ne id contra
commodum faceret, in proximo cuiuscumque domesti-
corum cenaculo manebat. sic quoque saepe indigens somni,
et dum per vicos deportaretur et deposita lectica inter aliquas
moras condormiebat.

79 (1) Forma fuit eximia et per omnes aetatis gradus venus-
tissima, quamquam et omnis lenocinii neglegens; in capite
comendo tam incuriosus, ut raptim compluribus simul ton-
soribus operam daret ac modo tonderet modo raderet bar-
bam eoque ipso tempore aut legeret aliquid aut etiam scribe-
ret. vultu erat vel in sermone vel tacitus adeo tranquillo
serenoque, ut quidam e primoribus Galliarum confessus sit

78 (1) Nach dem Mittagsmahl ruhte er sich gewöhnlich in Kleidern und Schuhen, die Füße unbedeckt, eine Zeitlang aus, wobei er die Hand auf seine Augen legte. Nach der Hauptmahlzeit zog er sich auf sein Sofa im Studierzimmer zurück: dort verweilte er bis tief in die Nacht, bis er die verbleibenden Geschäfte des Tages gänzlich oder zum größten Teil aufgearbeitet hatte. Danach begab er sich zu Bett, schlief jedoch meist nicht mehr als sieben Stunden, aber selbst diese nicht einmal ununterbrochen, sondern wachte in jenem Zeitraum drei- oder viermal auf. (2) Wenn er nach einer Unterbrechung, wie es häufig vorkam, nicht wieder einschlafen konnte, so ließ er Vorleser oder Geschichtenerzähler zu sich kommen und fand auf diese Weise wieder Schlaf, blieb dann aber oft bis nach Sonnenaufgang im Bett. In der Dunkelheit wachte er niemals, es sei denn, daß jemand an seinem Bett saß. In den frühen Morgenstunden aufzustehen, behagte ihm ganz und gar nicht; und wenn er gezwungen war, wegen einer öffentlichen Verpflichtung oder einer Opferhandlung früher aufzustehen, so verbrachte er aus Bequemlichkeit die Nacht in der für seine Zwecke besonders günstigen nächstgelegenen Wohnung eines seiner Leute. Aber häufig verlangte er dann immer noch nach Schlaf, und er konnte auf diese Weise, solange er in der Sänfte durch die Straßen getragen wurde oder wenn sie abgestellt war, eine gewisse Zeit schlafen.

79 (1) Augustus besaß eine außergewöhnlich schöne Gestalt und sein Äußeres war in allen Altersstufen von größter Anmut, obgleich er auf jegliche kosmetische Behandlung verzichtete. Die Pflege seines Haares vernachlässigte er in einem solchen Maße, daß er wegen der Zeitersparnis mehrere Friseure zugleich beschäftigte, und bald den Bart lediglich schneiden, bald ganz rasieren ließ, wobei er auch noch etwas las oder sogar schrieb. Sein Gesicht zeichnete sich, ob er sprach oder schrieb, durch eine solche Ruhe und Heiterkeit aus, daß ein vornehmer Gallier seinen Leuten eingestand, er sei durch den milden Ausdruck des Augustus

inter suos, eo se inhibitum ac remollitum, quo minus, ut destinarat, in transitu Alpium per simulationem conloquii propius admissus in praecipitium propelleret. (2) oculos habuit claros ac nitidos, quibus etiam existimari volebat inesse quiddam divini vigoris, gaudebatque, si qui sibi acrius contuenti quasi ad fulgorem solis vultum summitteret; sed in senecta sinistro minus vidit; dentes raros et exiguos et scabros; capillum leviter inflexum et subflavum; supercilia coniuncta; mediocres aures; nasum et a summo eminentiorem et ab imo deductiorem; colorem inter aquilum candidumque; staturam brevem, – quam tamen Iulius Marathus libertus †etiam memoriam eius quinque pedum et dodrantis fuisse tradit –, sed quae commoditate et aequitate membrorum occuleretur, ut non nisi ex comparatione astantis alicuius procerioris intellegi posset.

80 Corpore traditur maculoso dispersis per pectus atque alvum genetivis notis in modum et ordinem ac numerum stellarum caelestis ursae, sed et callis quibusdam ex prurigine corporis adsiduoque et vehementi strigilis usu plurifariam concretis ad impetiginis formam. coxendice et femore et crure sinistro non perinde valebat, ut saepe etiam inclaudicaret; sed remedio harenarum atque harundinum confirmabatur. dextrae quoque manus digitum salutarem tam imbecillum interdum sentiebat, ut torpentem contractumque frigore vix cornei circuli supplemento scripturae admoveret.

davon abgehalten und umgestimmt worden, ihn, wie er es vorgehabt habe, bei einer Alpenüberquerung in den Abgrund zu stürzen, als er unter dem Vorwand, ein Gespräch mit ihm zu suchen, näher an Augustus herantreten durfte. (2) Er hatte helle und glänzende Augen, in denen manche sogar – wie es sein Wunsch war – eine gewisse göttliche Kraft vermuteten, und er freute sich, wenn jemand, den er scharf anblickte, den Blick senkte, wie vor den Strahlen der Sonne; im Alter aber sah er mit dem linken Auge weniger gut. Seine Zähne standen weit auseinander, waren klein und schlecht. Sein Haar war leicht gelockt und hellblond, seine Augenbrauen zusammengewachsen, seine Ohren von mittlerer Größe, seine Nase oben hervorspringend, unten gebogen. Seine Hautfarbe zwar zwischen dunkelbraun und hell; seine Figur klein – jedoch überliefert sein Freigelassener Iulius Marathus[141], Augustus sei fünf dreiviertel Fuß [1,70 m] groß gewesen –, aber dies wurde durch das vollkommene Maß und die Ausgewogenheit seiner Glieder verdeckt, so daß man es nur erkennen konnte, wenn ein Größerer neben ihm stand und man somit eine Vergleichsmöglichkeit hatte.

80 Sein Körper war, wie überliefert wird, an Brust und Bauch so mit Flecken und Muttermalen übersät, daß sie nach ihrer Menge, Anordnung und Anzahl das Sternbild des Großen Bären darstellten. Er hatte auch viele flechtenartige Schwielen, die sich durch ständigen und übertriebenen Gebrauch des Badestriegels für sein Hautjucken gebildet hatten. Hüftgelenk, Ober- und Unterschenkel auf der linken Seite waren nicht so stark wie auf der rechten Seite, so daß er oft sogar hinken mußte; aber er verschaffte sich Linderung durch die Anwendung von Sandbädern und das Anlegen von Beinschienen. Er spürte auch zuweilen im Zeigefinger der rechten Hand eine derartige Schwäche, daß er das steife und vor Kälte erstarrte Glied selbst unter Zuhilfenahme eines hornartigen Ringes nur mit Mühe zum Schreiben gebrauchen konnte. Er plagte sich auch mit Bla-

questus est et de vesica, cuius dolore calculis demum per urinam eiectis levabatur.

81 (1) Graves et periculosas valitudines per omnem vitam aliquot expertus est; praecipue Cantabria domita, cum etiam destillationibus iocinere vitiato ad desperationem redactus contrariam et ancipitem rationem medendi necessario subiit: quia calida fomenta non proderant, frigidis curari coactus auctore Antonio Musa.

(2) Quasdam et anniversarias ac tempore certo recurrentes experiebatur; nam sub natalem suum plerumque languebat; et initio veris praecordiorum inflatione temptabatur, austrinis autem tempestatibus gravedine. quare quassato corpore neque frigora neque aestus facile tolerabat. **82** (1) hieme quaternis cum pingui toga tunicis et subucula e⟨t⟩ thorace laneo et feminalibus et tibialibus muniebatur, aestate apertis cubiculi foribus ac saepe in peristylo saliente aqua atque etiam ventilante aliquo cubabat. solis vero ne hiberni quidem patiens, domi quoque non nisi petasatus sub divo spatiabatur. itinera lectica et noctibus fere eaque lenta ac minuta faciebat, ut Praeneste vel Tibur biduo procederet; ac si quo pervenire mari posset, potius navigabat. (2) verum tantam infirmitatem magna cura tuebatur, in primis lavandi raritate; unguebatur enim saepius aut sudabat ad flammam, deinde perfundebatur egelida aqua vel sole multo tepefacta. at quo-

senbeschwerden, deren Schmerz erst dann nachließ, wenn die Steine mit dem Urin abgingen.

81 (1) Augustus hat im Laufe seines Lebens einige schwere und gefährliche Krankheiten durchstehen müssen; insbesondere ist jene nach der Unterwerfung Kantabriens zu nennen, als er durch Absonderungen aus seiner erkrankten Leber in einen hoffnungslosen Zustand geriet und eine den üblichen Methoden entgegengesetzte und bedenkliche Kur auf sich nahm: weil die warmen Umschläge nichts genutzt hatten, ließ er sich auf Anraten seines Arztes Antonius Musa[142] mit kalten behandeln.

(2) Von gewissen Krankheiten wurde er gewöhnlich alljährlich zu einem bestimmten Zeitpunkt heimgesucht; denn um die Zeit seines Geburtstages fühlte er sich meistens matt; und bei Frühlingsanfang befielen ihn Brustentzündungen, um die Zeit der Südwinde kehrte der Schnupfen wieder; deshalb ertrug sein entkräfteter Körper weder Kälte noch Hitze ohne Beschwerden. **82** (1) Im Winter schützte sich Augustus mit vier Tuniken und einer dicken Toga, einem Hemd, einem Brustlatz aus Wolle und Binden um Waden und Schenkel. Im Sommer schlief er bei offenen Türen, oft auch im Innenhof in der Nähe eines Springbrunnens, wobei ihm sogar zuweilen ein Diener Kühlung zufächelte. Die Sonneneinwirkung aber vertrug er nicht einmal im Winter und ging daher auch zu Hause nur mit einem Hut im Freien spazieren. Reisen unternahm er gewöhnlich in der Sänfte und in der Regel bei Nacht, und zwar gemächlich in kleinen Etappen, so daß er Praeneste oder Tibur erst nach zwei Tagen erreichte; und wenn er einen Zielort über das Meer erreichen konnte, zog er die Seereise vor. (2) Aber die schwächliche Konstitution seines Körpers versuchte er durch große Umsicht zu schützen, besonders indem er nur selten ein Bad nahm; er ließ sich dafür häufiger salben oder schwitzte an einem Feuer, dann ließ er sich mit lauwarmem oder von starker Sonneneinstrahlung erwärmtem Wasser begießen. Und sooft er wegen seiner Nerven warme Meer-

tiens nervorum causa marinis Albulisque calidis utendum esset, contentus hoc erat ut insidens ligneo solio, quod ipse Hispanico verbo duretam vocabat, manus ac pedes alternis iactaret.

83 Exercitationes campestres equorum et armorum statim post civilia bella omisit et ad pilam primo folliculumque transiit, mox nihil aliud quam vectabatur et deambulabat, ita ut in extremis spatiis subsultim decurreret †sestertio vel lodicula involutus. animi laxandi causa modo piscabatur hamo, modo talis aut ocellatis nucibusque ludebat cum pueris minutis, quos facie et garrulitate amabilis undique conquirebat, praecipue Mauros et Syros. nam pumilos atque distortos et omnis generis eiusdem ut ludibria naturae malique ominis abhorrebat.

84 (1) Eloquentiam studiaque liberalia ab aetate prima et cupide et laboriosissime exercuit. Mutinensi bello in tanta mole rerum et legisse et scripsisse et declamasse cotidie traditur. nam deinceps neque in senatu neque apud populum neque apud milites locutus est umquam nisi meditata et composita oratione, quamvis non deficeretur ad subita extemporali facultate. (2) ac ne periculum memoriae adiret aut in ediscendo tempus absumeret, instituit recitare omnia. sermones quoque cum singulis atque etiam cum Livia sua graviores non nisi scriptos et e libello habebat, ne plus

bäder oder die Albulaquellen[143] aufsuchte, begnügte er sich
damit, in einer hölzernen Badewanne sitzend, die er selbst
gewöhnlich mit dem spanischen Wort »dureta« bezeichnete,
abwechselnd Hände und Füße zu bewegen.

83 Die Reit- und Waffenübungen auf dem Marsfeld gab
Augustus sofort nach den Bürgerkriegen auf und wandte
sich zunächst dem Spiel mit großen und kleinen Bällen zu;
bald darauf verschaffte er sich Bewegung ausschließlich beim
Ausfahren oder Spazierengehen, in der Weise, daß er den
Rest der Strecke jeweils in kleinen Sprüngen zurücklegte,
wobei die Sänfte mit einem Fell verhüllt war und Augustus
selbst eine gewebte Decke zum Schutz trug. Zur Entspan-
nung angelte er oder spielte mit Würfeln, Steinchen und
Nüssen, und zwar mit kleinen Sklavenjungen, die er wegen
ihres anmutigen Äußeren und ihres geschwätzigen Wesens
von überallher kommen ließ, vorzugsweise aus Mauretanien
und Syrien. Denn Zwerge und Verwachsene sowie andere
Arten von Mißgeburten waren ihm als Spottgebilde der
Natur zuwider und verhießen eine schlechte Vorbedeutung.

84 (1) Mit der Beredsamkeit und den übrigen freien Künsten
befaßte er sich von frühester Jugend an leidenschaftlich und
mit größtem Fleiß. Im Krieg um Mutina[144] soll er trotz
seiner gewaltigen Inanspruchnahme gelesen, geschrieben
und sich im Reden geübt haben. Denn später hat er weder
im Senat noch vor dem Volk noch auch vor den Soldaten
jemals gesprochen, ohne seine Rede wohl überlegt und gut
gesetzt zu haben, obwohl es ihm nicht an der Fähigkeit
mangelte, in unvorhergesehenen Situationen aus dem Stegreif zu sprechen. (2) Und damit ihm das Gedächtnis keinen
Streich spielte oder er durch Auswendiglernen seine Zeit
verlieren mußte, machte er es sich zur Gewohnheit, alles
abzulesen. Auch Gespräche mit Einzelpersonen und sogar
wichtigere mit seiner Gattin Livia führte er nur, wenn er sie
in seinem Notizbuch schriftlich fixiert hatte, um nicht un-
vorbereitet zu viel oder zu wenig zu sagen. Seine Stimme

minusve loqueretur ex tempore. pronuntiabat dulci et proprio quodam oris sono dabatque assidue phonasco operam; sed nonnumquam infirmatis faucibus praeconis voce ad populum contionatus est.

85 (1) Multa varii generis prosa oratione composuit, ex quibus nonnulla in coetu familiarium velut in auditorio recitavit, sicut ›rescripta Bruto de Catone‹, quae volumina cum iam senior ex magna parte legisset, fatigatus Tiberio tradidit perlegenda; item ›hortationes ad philosophiam‹, et aliqua ›de vita sua‹, quam tredecim libris Cantabrico tenus bello nec ultra exposuit. (2) poetica summatim attigit. unus liber extat scriptus ab eo hexametris versibus, cuius et argumentum et titulus est ›Sicilia‹; extat alter aeque modicus ›epigrammatum‹, quae fere tempore balinei meditabatur. nam tragoediam magno impetu exorsus, non succedenti stilo, abolevit quaerentibusque amicis, quidnam Aiax ageret, respondit Aiacem suum in spongiam incubuisse.

86 (1) Genus eloquendi secutus est elegans et temperatum vitatis sententiarum ineptiis atque concinnitate et ›reconditorum verborum‹, ut ipse dicit, ›fetoribus‹; praecipuamque curam duxit sensum animi quam apertissime exprimere. quod quo facilius efficeret aut necubi lectorem vel auditorem obturbaret ac moraretur, neque praepositiones urbibus addere neque coniunctiones saepius iterare dubitavit, quae detractae afferunt aliquid obscuritatis, etsi gratiam augent.

war angenehm und hatte einen eigentümlichen Wohlklang. Er arbeitete ständig mit einem Gesanglehrer an seiner Stimme; aber wenn er manchmal Halsschmerzen hatte, ließ er anstatt seiner einen Herold zum Volke sprechen.

85 (1) Augustus verfaßte zahlreiche Prosaschriften[145] verschiedenen Inhalts, von denen er einige im Kreise seiner Freunde, die gewissermaßen die Zuhörerschaft bildeten, vorlas, so etwa »Über Cato: Gegenschrift gegen Brutus«. Als er den größten Teil dieser Schriften gelesen hatte – er war damals bereits älter –, übertrug er erschöpft Tiberius die Aufgabe, die Lektüre fortzusetzen; weiterhin schrieb er »Aufforderungen zur Philosophie«, und ein anderes Werk mit dem Titel »Lebenserinnerungen«, in dem er in dreizehn Büchern die Ereignisse nur bis zum Kantabrischen Krieg und nicht darüber hinaus dargestellt hat. (2) An poetischen Texten hat er sich nur kurz versucht. Es existiert noch ein einziges von ihm in Hexametern abgefaßtes Buch, dessen Inhalt und Titel »Sizilien« ist; daneben gibt es noch ein zweites, das ebenso knapp ist: »Epigramme«; diese Epigramme dachte er sich gewöhnlich im Bade aus. Denn er hatte auch mit großem Elan eine Tragödie begonnen, vernichtete sie aber, da sie ihm nicht recht gelingen wollte; auf die Frage seiner Freunde, was denn der »Ajax« mache, antwortete er, sein Ajax habe sich in den Schwamm gestürzt.[146]

86 (1) Er bemühte sich um einen eleganten und zugleich einfachen Stil, wobei er das alberne Streben nach gekünstelten Pointen und – wie er selbst sagt – »nach dem ekelhaften Geruch ungebräuchlicher Wörter« vermied; besondere Sorge verwandte er darauf, seine Gedanken möglichst klar auszudrücken. Damit er dies um so leichter erreiche und den Leser oder Hörer nirgendwo in Verwirrung bringe und aufhalte, zögerte er weder bei Städtenamen die Präpositionen hinzuzufügen[147] noch die Konjunktionen häufiger zu wiederholen, deren Fortlassung zuweilen zu Mißverständnissen führt, auch wenn der Stil gefälliger wird. (2) Er

(2) cacozelos et antiquarios, ut diverso genere vitiosos, pari fastidio sprevit exagitabatque nonnumquam; in primis Maecenatem suum, cuius ›myrobrechis‹, ut ait, ›cincinnos‹ usque quaque persequitur et imitando per iocum irridet. sed nec Tiberio parcit et exoletas interdum et reconditas voces aucupanti. M. quidem Antonium ut insanum increpat, quasi ea scribentem, quae mirentur potius homines quam intellegant; deinde ludens malum et inconstans in eligendo genere dicendi ingenium eius, addit haec: (3) ›tuque dubitas, Cimberne Annius an Veranius Flaccus imitandi sint tibi, ita ut verbis, quae Crispus Sallustius excerpsit ex Originibus Catonis, utaris? an potius Asiaticorum oratorum inani[bu]s sententiis verborum volubilitas in nostrum sermonem transferenda?‹ et quadam epistula Agrippinae neptis ingenium conlaudans: ›sed opus est‹, inquit, ›dare te operam, ne moleste scribas et loquaris.‹

87 (1) Cotidiano sermone quaedam frequentius et notabiliter usurpasse eum, litterae ipsius autographae ostentant, in quibus identidem, cum aliquos numquam soluturos significare vult, ›ad K(a)l(endas) Graecas soluturos‹ ait; et cum hortatur ferenda esse praesentia, qualiacumque sint: ›contenti simus hoc Catone‹; et ad exprimendam festinatae rei velocitatem: ›celerius quam asparagi cocuntur‹. (2) ponit assidue et pro stulto baceolum apud pullum pulleiaceum et pro cerrito

empfand gleiche Abneigung gegen ungeschickte Nachahmer
eines modernen Stils wie gegen die Altertümelnden, weil sie
beide entgegengesetzte Fehler begehen, und setzte sie daher
zuweilen seinem Spott aus; insbesondere betraf dies seinen Freund Maecenas, über dessen »parfümierte Schnörke-
leien«, wie er es nennt, er sich immerzu lustig macht und sie
im scherzhaften Spott on nachahmt. Aber er verschonte auch
Tiberius nicht, der manchmal begierig danach trachtete, in
Vergessenheit geratene und ungebräuchliche Wendungen
aufzuspüren. M. Antonius freilich tadelte er gar als einen
Wahnsinnigen, weil er sich eines Stils bediene, der die Leute
eher in Erstaunen versetze, als daß sie ihn wirklich verstän-
den, und dann fügte er, indem er seinen schlechten und
unbeständigen Geschmack in der Wahl der Redeweise ver-
spottete, folgendes hinzu: (3) »Und du hegst noch Zweifel,
ob du Cimber Annius oder Veranius Flaccus nachahmen
sollst, und zwar in der Weise, daß du die Wörter verwen-
dest, die Crispus Sallustius aus den ›Origines‹ des Cato
exzerpiert hat, oder ob du vielmehr die gedankenleere Wort-
fülle der asianischen Redner auf unsere Sprache übertragen
sollst?«[148] Und in einem Brief, in dem er die Begabung
seiner Enkelin Agrippina lobend hervorhebt, sagt er: »Aber
du mußt darauf achten, daß du nicht schwerfällig schreibst
oder sprichst.«

87 (1) Daß er in der täglichen Umgangssprache gewisse
Ausdrücke häufiger und in auffälliger Weise verwendete,
zeigen seine eigenhändig verfaßten Briefe, in denen er immer
wieder sagt, wenn er andeuten will, daß jemand niemals
seine Schulden bezahlen werde, er werde sie »an den griechischen Kalenden bezahlen«[149]; und wenn er jemanden ermu-
tigt, die Zeiten zu ertragen, wie sie sind: »Laßt uns mit
unserem Cato zufrieden sein«; und um die Schnelligkeit
einer schleunig vollbrachten Angelegenheit auszudrücken:
»schneller, als Spargel gekocht wird«. (2) Er verwendet
fortwährend für *stultus* (»dumm«) *baceolus* (»stockdumm«),
für *pullus* (»dunkelfarbig«) *pulleiaceus* (»schwarzfarbig«)

vacerrosum et vapide se habere pro male et betizare pro
languere, quod vulgo lachanizare dicitur; item simus pro
sumus et domos genetivo casu singulari pro domuos. nec
umquam aliter haec duo, ne quis mendam magis quam
consuetudinem putet.

(3) Notavi et in chirographo eius illa praecipue: non dividit
verba nec ab extrema parte versuum abundantis litteras in
alterum transfert, sed ibidem statim subicit circumducit-
que.

88 orthographiam, id est formulam rationemque scribendi a
grammaticis institutam, non adeo custodi[i]t ac videtur
eorum potius sequi opinionem, qui perinde scribendum ac
loquamur existiment. nam quod saepe non litteras modo sed
syllabas aut permutat aut praeterit, communis hominum
error est. nec ego id notarem, nisi mihi mirum videretur
tradidisse aliquos, legato eum consulari successorem dedisse
ut rudi et indocto, cuius manu ixi pro ipsi scriptum animad-
verterit. quotiens autem per notas scribit, B pro A, C pro B
ac deinceps eadem ratione sequentis litteras ponit; pro X
autem duplex A.

89 (1) Ne Graecarum quidem disciplinarum leviore studio
tenebatur. in quibus et ipsis praestabat largiter magistro
dicendi usus Apollodoro Pergameno, quem iam grandem

und für *cerritus* (»verrückt«) *vacerrosus* (»vernagelt«);
vapide se habere (»Katzenjammer haben«) für *male se
habere* (»sich schlecht fühlen«), *betizare* (»weich wie Man-
gold, Bete«; ein Gartengewächs) für *languere* (»schlaff
sein«), was volkstümlich *lachanizare* (»dem Gemüsekraut
gleichen«) genannt wird. Ebenso verwendet er *simus* (»wir
sollen sein«) für *sumus* (»wir sind«) und *domos* im Genitiv
Singular für *domuos* (»des Hauses«).[150] Und niemals schrieb
er diese zwei Wörter anders, so daß niemand glauben soll, es
handle sich etwa um Schreibfehler und nicht um seine
Gewohnheit.

(3) Ich habe bei seiner Handschrift insbesondere folgendes
beobachtet: er trennt die Wörter nicht, und am Ende der
Zeilen überträgt er die überzähligen Buchstaben nicht auf
die folgende Zeile, sondern fügt sie sogleich ebendort unter
die Wörter und zieht darum einen Kreis.

88 Die Orthographie, das heißt die von den Grammatikern
eingeführten Normen der Rechtschreibung, hat er nicht so
genau beachtet und scheint vielmehr der Meinung derer
gefolgt zu sein, welche die Auffassung vertreten, man müsse
schreiben wie man spreche. Denn daß er häufig nicht nur
Buchstaben, sondern sogar Silben verwechselt oder ausläßt,
ist ein Fehler, der jedem unterlaufen kann. Ich würde es
auch gar nicht anmerken, wenn nicht zu meinem Erstaunen
einige Schriftsteller überliefert hätten, daß Augustus einmal
einen Legaten mit Konsularrang seines Amtes enthoben
habe, den er für völlig ungebildet ansah, weil er festgestellt
habe, daß dieser *ixi* statt *ipsi* (»selpst« statt »selbst«) schrieb.
Sooft Augustus aber eine Geheimschrift verwendete, setzte
er ein B für ein A, ein C für ein B und so weiter durch
die folgenden Buchstaben, für X aber benutzte er ein zwei-
faches A.

89 (1) Nicht geringeren Eifer verwandte Augustus auf das
Studium der griechischen Sprache und Literatur. Auch auf
diesem Gebiet zeichnete er sich besonders aus, wobei er als
Redelehrer Apollodor von Pergamon[151] hinzuzog. Ihn, der

natu Apolloniam quoque secum ab urbe iuvenis adhuc edu-
xerat, deinde eruditione etiam varia repletus [s]per Arei
philosophi filiorumque eius Dionysi et Nicanoris contuber-
nium; non tamen ut aut loqueretur expedite aut componere
aliquid auderet; nam et si quid res exigeret, Latine formabat
vertendumque alii dabat. sed plane poematum quoque non
imperitus, delectabatur etiam comoedia veteri et saepe eam
exhibuit spectaculis publicis. (2) In evolvendis utriusque
linguae auctoribus nihil aeque sectabatur, quam praecepta et
exempla publice vel privatim salubria, eaque ad verbum
excerpta aut ad domesticos aut ad exercituum provinciarum-
que rectores aut ad urbis magistratus plerumque mittebat,
prout quique monitione indigerent. etiam libros totos et
senatui recitavit et populo notos per edictum saepe fecit, ut
orationes Q. Metelli ›de prole augenda‹ et Rutili ›de modo
aedificiorum‹, quo magis persuaderet utramque rem non a se
primo animadversam, sed antiquis iam tunc curae fuisse.
(3) Ingenia saeculi sui omnibus modis fovit. recitantis et
benigne et patienter audiit, nec tantum carmina et historias,
sed et orationes et dialogos. componi tamen aliquid de se nisi

bereits hochbetagt war, hatte Augustus als junger Mann auch von Rom nach Apollonia mitgenommen. In späterer Zeit eignete er sich sogar eine umfassende Bildung an mit Hilfe des Philosophen Areius[152] und von dessen Söhnen Dionysos und Nikanor, mit denen er Umgang pflegte. Er erwarb sich jedoch nicht so umfangreiche Sprachkenntnisse im Griechischen, daß er es etwa fließend sprechen oder gar unternehmen konnte, etwas in dieser Sprache abzufassen; denn wenn es die Sachlage erforderte, setzte er den Text lateinisch auf und ließ ihn dann von einem anderen übersetzen. Aber auf dem Gebiet der griechischen Poesie kannte er sich sehr gut aus und hatte ganz besondere Freude an der Alten Komödie und oft ließ er an Terminen öffentlicher Spiele Stücke der Alten Komödie aufführen. (2) Beim Studium der Schriftsteller beider Sprachen achtete er im besonderen Maße auf solche Vorschriften und Beispiele, die für das öffentliche wie auch für das private Leben von großem Nutzen waren; diese schrieb er wörtlich heraus und sandte sie meistens entweder an die Mitglieder seines Hauses oder an die Heerführer und Provinzstatthalter oder auch an die Beamten der Stadt, je nachdem, wie die Einzelnen einer Ermahnung zu bedürfen schienen. Er las dem Senat sogar ganze Bücher vor und setzte das Volk durch ein Edikt davon in Kenntnis, wie etwa von den Reden des Q. Metellus[153] »Maßnahmen zur Hebung der Geburtenrate« und von Rutilius[154] »Einschränkung beim Häuserbau«, um dadurch um so deutlicher seiner Überzeugung Ausdruck zu verleihen, daß diese beiden Anordnungen nicht erst von ihm herrührten, sondern daß dies schon den Vorfahren am Herzen lag.

(3) Begabte Zeitgenossen förderte er auf jegliche Art und Weise. Augustus hörte ihnen nachsichtig und geduldig zu, wenn sie ihre Werke vorlasen, und zwar nicht nur Gedichte und historische Erörterungen, sondern auch Reden und Dialoge. Er nahm jedoch daran Anstoß, wenn etwas über ihn selbst geschrieben wurde, es sei denn, daß dies in allem

et serio et a praestantissimis offendebatur, admonebatque
praetores ne paterentur nomen suum commissionibus obso-
lefieri.
90 Circa religiones talem accepimus. tonitrua et fulgura
paulo infirmius expavescebat, ut semper et ubique pellem
vituli marini circumferret pro remedio atque ad omnem
maioris tempestatis suspicionem in abditum et concamara-
tum locum se reciperet, consternatus olim per nocturnum
iter transcursu fulguris, ut praediximus.
91 (1) Somnia neque sua neque aliena de se neglegebat.
Philippensi acie quamvis statuisset non egredi tabernaculo
propter valitudinem, egressus est tamen amici somnio moni-
tus; cessitque res prospere, quando captis castris lectica eius,
quasi ibi cubans remansisset, concursu hostium confossa
atque lacerata est. ipse per omne ver plurima et formidu-
losissima et vana et irrita videbat, reliquo tempore rariora et
minus vana. (2) cum dedicatam in Capitolio aedem Tonanti
Iovi assidue frequentaret, somniavit queri Capitolinum
Iovem cultores sibi abduci seque respondisse Tonantem pro
ianitore ei appositum; ideoque mox tintinnabulis fastigium
aedis redimiit, quod ea fere ianuis dependebant. ex nocturno

Ernst geschah und die Werke von den vortrefflichsten
Schriftstellern verfaßt wurden; er ermahnte die Prätoren,
seinen Namen nicht bei öffentlichen Wettkämpfen von
Dichtern oder Rednern mißbrauchen zu lassen.
90 Über seinen Aberglauben haben wir folgendes in Erfahrung gebracht: Bei Donner und Blitz geriet er gewöhnlich
geradezu in Panik, so daß er stets überall als Abwehrmittel
das Fell einer Robbe mit sich führte und sich bei dem
geringsten Verdacht eines stärkeren Gewitters in einen ver-
borgenen und mit einem Gewölbe ausgestatteten Ort
zurückzog, da er einst – wie wir bereits zuvor berichtet
haben[155] – bei einer nächtlichen Fahrt durch einen Blitz-
schlag völlig außer sich geraten war.
91 (1) Er pflegte weder seine eigenen Träume außer acht zu
lassen noch was fremde Personen von ihm träumten.
Obgleich er in der Schlacht von Philippi[156] beschlossen
hatte, sein Zelt wegen einer Unpäßlichkeit nicht zu verlassen, tat er dies dennoch, nachdem er durch den Traum eines
Freundes gewarnt worden war; und dies war sein Glück,
weil das Lager eingenommen und seine Sänfte, in der sie ihn
krank daniederliegend vermuteten, von den heranstürmen-
den Feinden durchbohrt und völlig zerfetzt wurde. Er selbst
hatte im Verlauf eines jeden Frühlings zahlreiche und besonders schreckliche Träume, die sich aber als nichtig und
folgenlos herausstellten, wogegen er in der restlichen Zeit
des Jahres zwar seltener an Träumen litt, diese sich dafür
aber häufiger bewahrheiteten. (2) In dem Zeitraum, in dem
er einen dem Iupiter Tonans auf dem Kapitol geweihten
Tempel oft aufsuchte, träumte er: der Kapitolinische Iupiter
beklage sich darüber, daß ihm die Verehrer entzogen würden, und er, Augustus, habe zur Antwort gegeben, Iupiter
Tonans sei ihm lediglich als Türhüter beigegeben worden;
aus diesem Grunde ließ Augustus später den Giebel des
Tempels mit Schellen schmücken, weil diese gewöhnlich an
den Türen hingen. Ebenfalls aufgrund einer nächtlichen
Erscheinung pflegte er alljährlich an einem bestimmten Tag

visu etiam stipem quotannis die certo emendicabat a populo
cavam manum asses porrigentibus praebens.
92 (1) Auspicia et omina quaedam pro certissimis observa-
bat: si mane sibi calceus perperam ac sinister pro dextro
induceretur, ut dirum; si terra marive ingrediente se longin-
quam profectionem forte rorasset, ut laetum maturique et
prosperi reditus. sed et ostentis praecipue movebatur. ena-
tam inter iuncturas lapidum ante domum suam palmam in
conpluvium deorum Penatium transtulit, utque coalesceret
magno opere curavit. (2) apud insulam Capreas veterrimae
ilicis demissos iam ad terram languentisque ramos conva-
luisse adventu suo, adeo laetatus est, ut eas cum re p.
Neapolitanorum permutaverit Aenaria data. obseruabat et
dies quosdam, ne aut postridie nundinas quoquam proficis-
ceretur aut Nonis quicquam rei seriae incohreret; nihil in hoc
quidem aliud devitans, ut ad Tiberium scribit, quam δυσφη-
μίαν nominis.
93 Peregrinarum caerimoniarum sicut veteres ac praeceptas
reverentissime coluit, ita ceteras contemptui habuit. namque
Athenis initiatus, cum postea Romae pro tribunali de privi-
legio sacerdotum Atticae Cereris cognosceret et quaedam
secretiora proponerentur, dimisso consilio et corona cir-
cumstantium solus audiit disceptantes. at contra non modo
in peragranda Aegypto paulo deflectere ad visendum Apin

das Volk um eine kleine Spende anzubetteln und streckte denen, die ihm ein As geben wollten, die hohle Hand entgegen.

92 (1) Gewisse Vorzeichen und Vorbedeutungen beachtete Augustus besonders genau: Wenn er sich frühmorgens die Schuhe verkehrt anzog, den linken statt des rechten, so erkannte er daran etwas Unheilvolles; wenn er eine ausgedehnte Reise zu Lande oder zu Wasser antrat und zufällig Tau gefallen war, so legte er dies als ein glückverheißendes Vorzeichen einer rechtzeitigen und gesunden Rückkehr aus. Aber auch durch Wunderzeichen ließ er sich gewöhnlich beeindrucken. Eine zwischen den Steinfugen vor seinem Haus emporgesprossene Palme ließ er in den Hofraum bringen, in dem die Statuen der Hausgötter aufgestellt waren, und seine besondere Sorge galt ihrem Gedeihen. (2) Über die Tatsache, daß sich auf der Insel Capri die bereits bis zur Erde kraftlos herabhängenden Zweige einer sehr alten Steineiche bei seiner Ankunft wieder aufgerichtet hatten, freute er sich so sehr, daß er von der Verwaltung der Stadt Neapel Capri gegen die Insel Aenaria[157] eintauschte. Er beobachtete auch gewisse Tage ganz genau, so daß er weder am Tage nach den Nundinen (»Wochenmarkt«) irgendwohin reiste noch an den Nonen etwas Wichtiges begann; ihn halte nichts anderes davon ab, wie er an Tiberius schreibt, als die ungünstige Vorbedeutung dieses Wortes.

93 Von den nichtrömischen Feierlichkeiten beging er die alten und seit langer Zeit veranstalteten besonders ehrerbietig, wie er die übrigen verachtete. In Athen nämlich hatte er sich in die Mysterien einweihen lassen, und als er in späterer Zeit in Rom bei einer öffentlichen Gerichtssitzung eine Untersuchung über ein Vorrecht der Priester der athenischen Demeter führte und bestimmte Geheimnisse besprochen werden mußten, entließ er das Richterkollegium sowie die versammelten Zuhörer und folgte allein den streitenden Parteien. Hingegen ersparte er es sich, bei seiner Reise durch Ägypten einen kleinen Umweg zu machen, um das Apis-

supersedit, sed et Gaium nepotem, quod Iudaeam praetervehens apud Hierosolyma[m] non supplicasset, conlaudavit.

94 (1) Et quoniam ad haec ventum est, non ab re fuerit subtexere, quae ei prius quam nasceretur et ipso natali die ac deinceps evenerint, quibus futura magnitudo eius et perpetua felicitas sperari animadvertique posset.

(2) Velitris antiquitus tacta de caelo parte muri responsum est eius oppidi civem quandoque rerum potiturum; qua fiducia Veliterni et tunc statim et postea saepius paene ad exitium sui cum populo R. belligeraverant; sero tandem documentis apparuit ostentum illud Augusti potentiam portendisse.

(3) Auctor est Iulius Marathus, ante paucos quam nasceretur menses prodigium Romae factum publice, quo denuntiabatur, regem p(opulo) R(omano) naturam parturire; senatum exterritum censuisse, ne quis illo anno genitus educaretur; eos qui gravidas uxores haberent, quod ad se quisque spem traheret, curasse ne senatus consultum ad aerarium deferretur.

(4) In Asclepiadis Mendetis Theologumenon libris lego, Atiam, cum ad sollemne Apollinis sacrum media nocte venisset, posita in templo lectica, dum ceterae matronae dormirent, obdormisse; draconem repente irrepsisse ad eam

heiligtum zu besuchen; ja er lobte seinen Enkel Gaius ausdrücklich dafür, daß dieser, als er an Judaea vorbeifuhr, in
Jerusalem kein Opfer dargebracht habe.

94 (1) Und weil wir einmal darauf zu sprechen gekommen
sind, dürfte es auch angebracht sein, an dieser Stelle die
Ereignisse einzufügen, die sich vor seiner Geburt, am Tage
seiner Geburt und danach zugetragen haben, durch die man
seine zukünftige Größe und sein immerwährendes Glück
erhoffen und erkennen konnte.

(2) In alter Zeit war in Velitrae ein Teil der Stadtmauer von
einem Blitz getroffen worden; damit verband sich der Orakelspruch, ein Bürger dieser Stadt werde sich irgendwann
einmal der Herrschaft bemächtigen; im Vertrauen auf diesen
Orakelspruch hatten die Einwohner von Velitrae damals
sofort und auch in späterer Zeit recht häufig gegen das
römische Volk Kriege geführt, was beinahe ihren Untergang
verursacht hätte. Erst später wurde durch die Beweise deutlich, daß jener Orakelspruch die Macht von Augustus prophezeit hatte.

(3) Es berichtet Iulius Marathus[158], wenige Monate vor der
Geburt des Augustus habe sich in Rom in aller Öffentlichkeit ein Wunderzeichen ereignet, durch das verkündet
wurde, daß die Natur gerade dabei sei, dem römischen Volk
einen König zu gebären. Der in Schrecken versetzte Senat
habe daraufhin beschlossen, daß kein Kind aufgezogen werden dürfe, das in diesem Jahr geboren werde; die Männer
aber, die schwangere Frauen hatten, hätten dafür gesorgt,
daß der besagte Senatsbeschluß nicht rechtskräftig wurde,
weil ein jeder die Prophezeiung mit seinem Kind in Verbindung gebracht habe.

(4) In den »Untersuchungen über Gott und göttliche Dinge«
des Asclepiades Mendes[159] lese ich: Atia habe sich um
Mitternacht zu einem feierlichen Opfer für Apollo begeben,
wobei ihre Sänfte im Tempel abgestellt wurde, und sei
eingeschlafen, während die übrigen Frauen nach Hause gin-
gen. Plötzlich sei eine Schlange zu ihr in die Sänfte gekom-

pauloque post egressum; illam expergefactam quasi a concubitu mariti purificasse se; et statim in corpore eius extitisse maculam velut picti draconis nec potuisse umquam exigi, adeo ut mox publicis balineis perpetuo abstinuerit; Augustum natum mense decimo et ob hoc Apollinis filium existimatum. eadem Atia, prius quam pareret, somniavit intestina sua ferri ad sidera explicarique per omnem terrarum et caeli ambitum. somniavit et pater Octavius utero Atiae iubar solis exortum.

(5) Quo natus est die, cum de Catilinae coniuratione ageretur in curia et Octavius ob uxoris puerperium serius affuisset, nota ac vulgata res est P. Nigidium comperta morae causa, ut horam quoque partus acceperit, affirmasse dominum terrarum orbi natum. Octavio postea, cum per secreta Thraciae exercitum duceret, in Liberi patris luco barbara caerimonia de filio consulenti, idem affirmatum est a sacerdotibus, quod infuso super altaria mero tantum flammae emicuisset, ut supergressa fastigium templi ad caelum usque ferretur, unique omnino Magno Alexandro apud easdem aras sacrificanti simile provenisset ostentum. (6) atque etiam sequenti statim nocte videre visus est filium mortali specie ampliorem, cum fulmine et sceptro exuviisque Iovis Optimi Maximi ac radiata corona, super laureatum currum, bis senis equis candore eximio trahentibus. infans adhuc, ut

men, sei dann aber kurz darauf wieder hinausgekrochen.
Nach ihrem Erwachen habe sie sich gereinigt, wie wenn ihr
Gatte mit ihr den Beischlaf vollzogen hätte. Und sogleich
sei auf ihrem Körper der Fleck einer gemalten Schlange entstanden, und dieser Fleck habe niemals mehr getilgt werden können, so daß sie daraufhin für immer auf den Besuch
in einem öffentlichen Bad verzichten mußte. Augustus sei
im zehnten Monat danach geboren und wegen dieses Vor-
falls für einen Sohn von Apollo gehalten worden. Ebenso
träumte Atia kurz vor ihrer Niederkunft, ihr Schoß würde
zu den Sternen emporgetragen und breitete sich über die
gesamte Erde und den ganzen Himmel aus. Es träumte auch
der Vater von Augustus, Octavius, daß aus Atias Schoß das
strahlende Licht der Sonne aufgegangen sei.
(5) Am Tag der Geburt von Augustus wurde im Senat über
die Verschwörung des Catilina verhandelt, und Octavius
konnte wegen der Niederkunft seiner Gattin erst verspätet
an der Sitzung teilnehmen; es ist ja eine allgemein bekannte
Tatsache, daß P. Nigidius[160], sobald er den Grund für die
Verspätung und auch die Stunde der Geburt erfahren hatte,
erklärt hat, es sei der Herr der Welt geboren worden. Als
Octavius später sein Heer durch abgelegene Orte Thrakiens
führte und die Orakelstätte der Barbaren in einem Hain des
Bacchus über seinen Sohn befragte, wurde ihm von den
Priestern dasselbe bestätigt; denn der über den Altar gegos-
sene Wein ließ eine solche Flamme hervorbrechen, daß sie
über dem Giebel des Tempels bis zum Himmel emporstieg,
ein Wunderzeichen, das sich in ähnlicher Weise überhaupt
nur Alexander dem Großen offenbart habe, als er auf denselben Altären ein Opfer darbrachte. (6) Und sofort in
der folgenden Nacht glaubte Octavius seinen Sohn sogar
in übermenschlicher Größe zu sehen, mit Blitz und Szepter,
in den Prachtgewändern des Iupiter Optimus Maximus,
mit einer Strahlenkrone, hochoben auf einem lorbeerge-
schmückten Wagen, den zweimal sechs leuchtende Schim-
mel zogen. Als Augustus noch ein ganz kleines Kind war –

scriptum apud C. Drusum extat, repositus vespere in cunas a
nutricula loco plano, postera luce non comparuit diuque
quaesitus tandem in altissima turri repertus est iacens contra
solis exortum.

(7) Cum primum fari coepisset, in avito suburbano obstre-
pentis forte ranas silere iussit, atque ex eo negantur ibi ranae
coaxare. ad quartum lapidem Campanae viae in nemore
prandenti ex inproviso aquila panem ei e manu rapuit et,
cum altissime evolasset, rursus ex inproviso leniter delapsa
reddidit.

(8) Q. Catulus post dedicatum Capitolium duabus continuis
noctibus somniavit: prima, Iovem Optimum Maximum e
praetextatis compluribus circum aram ludentibus unum
secrevisse atque in eius sinum signum rei p. quod manu
gestaret reposuisse; at insequenti, animadvertisse se in gre-
mio Capitolini Iovis eundem puerum, quem cum detrahi
iussisset, prohibitum monitu dei, tamquam is ad tutelam rei
p. educaretur; ac die proximo obvium sibi Augustum, cum
incognitum alias haberet, non sine admiratione contuitus
simillimum dixit puero, de quo somniasset. quidam prius
somnium Catuli aliter exponunt, quasi Iuppiter compluribus
praetextatis tutorem a se poscentibus unum ex eis demonstrasset, ad quem omnia desideria sua referrent, eiusque
osculum delibatum digitis ad os suum ret⟨t⟩ulisset.

(9) M. Cicero C. Caesarem in Capitolium prosecutus som-

wie bei C. Drusus[161] zu lesen ist –, wurde er eines Abends von seiner Amme im Erdgeschoß in die Wiege gelegt; am nächsten Morgen war er zunächst nicht auffindbar, wurde aber schließlich nach langem Suchen hoch oben in einem Turm entdeckt, wobei er am Boden lag, und zwar dem Sonnenaufgang zugewandt.

(7) Als er angefangen hatte zu sprechen, befahl er auf dem Landgut seines Großvaters, das in der Nähe Roms lag, den gerade quakenden Fröschen zu schweigen, und – wie man sagt – quaken die Frösche dort seitdem nicht mehr. Als er in einem Wald beim vierten Meilenstein der Kampanischen Straße frühstückte, riß ihm unversehens ein Adler das Brot aus der Hand, kehrte unversehens im Gleitflug wieder, nachdem er sehr hoch aufgestiegen war, und gab es Augustus zurück.

(8) Quintus Catulus träumte nach der Einweihung des Kapitols in zwei aufeinanderfolgenden Nächten dies: in der ersten, Iupiter Optimus Maximus habe einen von mehreren Knaben, die um einen Altar herum spielten, ausgesondert und das Bild des römischen Staates, das er in Händen hielt, auf dessen Schoß gelegt; in der zweiten Nacht habe er auf dem Schoß des Kapitolinischen Iupiter denselben Knaben bemerkt und sei, als er befohlen habe, ihn herunterzuziehen, auf Weisung der Götter daran gehindert worden, mit dem Hinweis, der Knabe werde zum Schutz des Staates heranwachsen. Und am nächsten Tag sei ihm Augustus begegnet, der ihm sonst gänzlich unbekannt war, und er habe ihn voller Verwunderung angeschaut und gesagt, er gleiche bis aufs Haar dem Knaben, von dem er geträumt habe. Einige aber erzählen den Traum des Catulus anders, nämlich in der Weise, Iupiter habe mehreren Knaben, die von ihm einen Vormund begehrten, einen von ihnen bezeichnet, dem sie alle ihre Wünsche vortragen sollten, ihm die Finger zum Kuß dargeboten und sie an seinen eigenen Mund geführt.

(9) Als Marcus Cicero einst Gaius Caesar auf das Kapitol begleitete, schilderte er seinen Freunden einen Traum, den

nium pristinae noctis familiaribus forte narrabat: puerum facie liberali demissum e caelo catena aurea ad fores Capitoli constitisse eique Iovem flagellum tradidisse; deinde repente Augusto viso, quem ignotum plerisque adhuc avunculus Caesar ad sacrificandum acciverat, affirmavit ipsum esse, cuius imago secundum quietem sibi obversata sit.

(10) Sumenti virilem togam tunica lati clavi resuta ex utraque parte ad pedes decidit. fuerunt qui interpretarentur, non aliud significare, quam ut is ordo cuius insigne id esset quandoque ei subiceretur.

(11) Apud Mundam Divus Iulius castris locum capiens cum silvam caederet, arborem palmae repertam conservari ut omen victoriae iussit; ex ea continuo enata suboles adeo in paucis diebus adolevit, ut non aequiperaret modo matricem, verum et obtegeret frequentareturque columbarum nidis, quamvis id avium genus duram et asperam frondem maxime vitet. illo et praecipue ostento motum Caesarem ferunt, ne quem alium sibi succedere quam sororis nepotem vellet.

(12) In secessu Apolloniae Theogenis mathematici pergulam comite Agrippa ascenderat; cum Agrippae, qui prior consulebat, magna et paene incredibilia praedicerentur, reticere ipse genituram suam nec velle edere perseverabat, metu ac pudore ne minor inveniretur. qua tamen post multas adhor-

er in der vergangenen Nacht gehabt habe: ein Knabe von würdigem Aussehen sei vom Himmel an einer goldenen Kette herabgelassen worden, habe sich vor dem Eingang des Kapitols aufgestellt, und Iupiter habe ihm eine Geißel überreicht. Da habe Cicero plötzlich Augustus erblickt, der den meisten bis dahin unbekannt war und den sein Onkel Caesar zum Opfer hinzugezogen hatte, und Cicero habe versichert, dies sei genau der Knabe, dessen Bild ihm im Schlaf erschienen sei.

(10) Als Augustus die Männertoga anlegte, fiel die Tunika mit dem breiten Purpursaum zu seinen Füßen, da sich zu beiden Seiten die Nähte gelöst hatten. Einige legten dies so aus, dies könne nur bedeuten, daß der Stand, dessen Ehrenzeichen dieser Saum war, Augustus einmal unterstellt sein werde.[162]

(11) Als der vergöttlichte Iulius bei Munda einen Wald schlagen ließ, um einen Platz für sein Lager zu haben, gab er den Befehl, die Palme, die man darin gefunden hatte, als gutes Vorzeichen zu schonen; ein Reis aus dieser Palme, das gleich darauf hervorsproß, wuchs in wenigen Tagen zu solcher Höhe empor, daß es dem Stamm nicht nur an Größe gleichkam, sondern ihn sogar überwucherte und von vielen Tauben, die darin nisteten, bevölkert wurde, obgleich diese Vogelart hartes und rauhes Laub in besonderem Maße meidet. Man behauptet, daß Caesar hauptsächlich durch dieses Vorzeichen dazu bewegt worden sei, sich keinen anderen zu seinem Nachfolger auszusuchen als den Enkel seiner Schwester.

(12) Als sich Augustus in dem abgelegenen Apollonia aufhielt, hatte er in Begleitung Agrippas das Observatorium des Astrologen Theogenes bestiegen. Als dem Agrippa, der als erster das Horoskop befragte, große und beinahe unglaubliche Dinge vorausgesagt wurden, verschwieg Augustus selbst seine Geburtsstunde und weigerte sich, sie freiwillig zu nennen, aus Furcht und Scham, nicht so erfolgreich befunden zu werden. Nachdem er dennoch nach zahlreichen Er-

tationes vix et cunctanter edita exilivit Theogenes adoravit-
que eum. tantam mox fiduciam fati Augustus habuit, ut
thema suum vulgaverit nummumque argenteum nota sideris
Capricorni, quo natus est, percusserit.

95 Post necem Caesaris reverso ab Apollonia et ingrediente
eo urbem repente liquido ac puro sereno circulus ad speciem
caelestis arcus orbem solis ambiit ac subinde Iuliae Caesaris
filiae monimentum fulmine ictum est. primo autem consulatu et augurium capienti duodecim se vultures ut Romulo
ostenderunt et immolanti omnium victimarum iocinera
replicata intrinsecus ab ima fibra paruerunt, nemine peri-
torum aliter coiectante quam laeta per haec et magna por-
tendi.

96 (1) Quin et bellorum omnium eventus ante praesensit.
contractis ad Bononiam triumvirorum copiis aquila tentorio
eius supersedens duos corvos hinc et inde infestantis afflixit
et ad terram dedit, notante omni exercitu futuram quandoque inter collegas discordiam talem qualis secuta est,
at⟨que⟩ exitum praesagiente. ⟨...⟩ Philippo⟨s⟩ Thessalus
quidam de futura victoria nuntiavit auctore Divo Caesare,
cuius sibi species itinere avio occurrisset.
(2) Circa Perusiam sacrificio non litanti cum augeri hostias
imperasset ac subita eruptione hostes omnem rei divinae
apparatum abstulissent, constitit inter haruspices, quae peri-
culosa et adversa sacrificanti denuntiata essent, cuncta in
ipsos recasura qui exta haberent; neque aliter evenit. pridie
quam Siciliensem pugnam classe committeret, deambulanti

munterungen nur mit Mühe und zögernd das Datum seines
Geburtstages bekanntgegeben hatte, sprang Theogenes auf
und bezeugte ihm seine Verehrung. In späterer Zeit hatte
Augustus ein solches Vertrauen in sein Schicksal, daß er sein
Sternbild bekanntgab und eine silberne Münze mit dem
Zeichen des Steinbocks, in dem er geboren ist, prägen ließ.
95 Als er nach der Ermordung Caesars von Apollonia
zurückkehrte und Rom betrat, umgab plötzlich bei klarem
und heiterem Himmel ein Kreis nach Art eines Regenbogens
die Sonne und daraufhin wurde das Grabmal von Caesars
Tochter Iulia von einem Blitz getroffen. In seinem ersten
Konsulat aber, als er die Deutung der Wahrzeichen des
Vogelflugs vornahm, zeigten sich ihm zwölf Geier, wie dem
Romulus[163], und beim Opfer schienen ihm die Leber aller
Opfertiere vom untersten Lappen nach der Innenseite einge-
rollt; kein Kundiger faßte dies anders auf, als daß dadurch
großes Glück prophezeit werde.
96 (1) Ja sogar den Ausgang aller Kriege ahnte Augustus
voraus. Als die Truppen der Triumvirn bei Bononia[164] zu-
sammengezogen worden waren, setzte sich ein Adler auf
sein Zelt und richtete zwei Raben, die ihn von zwei Seiten
angriffen, übel zu und warf sie zu Boden; daraus folgerte das
gesamte Heer einen zukünftigen Streit zwischen Amtskollegen, der sich dann auch tatsächlich einstellte. In Philippi
kündigte ihm ein Mann aus Thessalien auf Veranlassung des
göttlichen Caesar, dessen Gestalt ihm auf einem abgelegenen
Weg begegnet sei, den zukünftigen Sieg an.
(2) Als er in der Nähe von Perusia, da das Opfer keinen
guten Ausgang versprach, die Zahl der Opfertiere zu erhöhen befohlen hatte und die Feinde in einem plötzlichen
Vorstoß die gesamten Opfergeräte geraubt hatten, stimmten
die Opferschauer darin überein, daß alle Gefahren und
Widrigkeiten, die dem Opfernden vorausgesagt worden
waren, auf die persönlich fallen würden, die die Eingeweide
besäßen. Und so geschah es. Als er am Tage vor der Seeschlacht bei Sizilien auf dem Strand spazierenging, sprang

in litore piscis e mari exilivit et ad pedes iacuit. apud Actium descendenti in aciem asellus cum asinario occurrit: homini Eutychus, bestiae Nicon erat nomen; utriusque simulacrum aeneum victor posuit in templo, in quod castrorum suorum locum vertit.

97 (1) Mors quoque eius, de qua dehinc dicam, divinitasque post mortem evidentissimis ostentis praecognita est. cum lustrum in campo Martio magna populi frequentia conderet, aquila eum saepius circumvolavit transgressaque in vicinam aedem super nomen Agrippae ad primam litteram sedit; quo animadverso vota, quae in proximum lustrum suscipi mos est, collegam suum Tiberium nuncupare iussit: nam se, quanquam conscriptis paratisque iam tabulis, negavit suscepturum quae non esset soluturus. (2) sub idem tempus ictu fulminis ex inscriptione statuae eius prima nominis littera effluxit; responsum est, centum solos dies posthac victurum, quem numerum C littera notaret, futurumque ut inter deos referretur, quod aesar, id est reliqua pars e Caesaris nomine, Etrusca lingua deus vocaretur.

(3) Tiberium igitur in Illyricum dimissurus et Beneventum usque prosecuturus, cum interpellatores aliis atque aliis causis in iure dicendo detinerent, exclamavit, quod et ipsum mox inter omina relatum est: non, si omnia morarentur, amplius se posthac Romae futurum; atque itinere incohato

ein Fisch aus dem Meer und blieb vor seinen Füßen liegen.
Bei Aktium begegnete ihm, als er in die Schlacht zog, ein
Esel mit einem Eseltreiber: der Mann hieß Eutychus[165], das
Tier Nicon[166]; für beide stellte er ein ehernes Standbild nach
seinem Sieg in dem Tempel auf, in den er den Platz für sein
Lager verwandelte.

97 (1) Auch sein Tod, über den ich nun reden werde, und
seine Aufnahme unter die Götter nach seinem Tod wurden
durch besonders augenscheinliche Zeichen im voraus ange-
kündigt. Als er auf dem Marsfeld vor zahlreich versammel-
ter Volksmenge das Reinigungsopfer verrichtete, flog ein
Adler mehrmals um ihn herum und schwang sich auf den
Tempel, der sich in der Nähe befand, und ließ sich auf dem
Namenszug des Agrippa nieder, und zwar über dem ersten
Buchstaben.[167] Sobald Augustus das bemerkt hatte, befahl
er seinem Kollegen Tiberius, feierlich die Gelübde herzusa-
gen, die gemäß dem Ritus für die nächste Amtsperiode
vorgesehen waren; denn Augustus weigerte sich, obwohl die
Gelübde bereits schriftlich fixiert bereit lagen, etwas auf sich
zu nehmen, was er nicht mehr einzulösen in der Lage wäre.
(2) Annähernd zur selben Zeit verschwand der erste Buchstabe seines Namens aus der Inschrift seiner Statue durch
Einwirkung eines Blitzschlages. Das Orakel teilte auf An-
frage mit, Augustus werde lediglich noch hundert Tage
leben, denn diese Zahl bedeutet der Buchstabe C und er
werde unter die Götter aufgenommen werden, weil »aesar«,
der verbleibende Rest des Namens Caesar, in der etruski-
schen Sprache »Gott« heiße.
(3) Als Augustus Tiberius nun nach Illyricum entsenden und
bis Benevent begleiten wollte, aber durch immer neue Prozesse durch Leute, die ständig Einspruch einlegten, bei der
Rechtsprechung in Rom zurückgehalten wurde, rief er aus –
was später ebenfalls bei den Vorzeichen seines Todes gedeu-
tet wurde –, daß er, auch wenn sich alles gegen ihn ver-
schwöre, nicht länger in Rom bleiben werde. Und nachdem
er die Reise begonnen hatte, gelangte er nach Astura; von

Asturam perrexit et inde praeter consuetudinem de nocte ad occasionem aurae evectus causam valitudinis contraxit ex profluvio alvi. **98** (1) tunc Campaniae ora proximisque insulis circuitis Caprearum quoque secessui quadriduum impendit remississimo ad otium et ad omnem comitatem animo.

(2) Forte Puteolanum sinum praetervehenti vectores nautaeque de navi Alexandrina, quae tantum quod appulerat, candidati coronatique et tura libantes fausta omina et eximias laudes congesserant: per illum se vivere, per illum navigare, libertate atque fortunis per illum frui. qua re admodum exhilaratus quadragenos aureos comitibus divisit iusque iurandum et cautionem exegit a singulis, non alio datam summam quam in emptionem Alexandrinarum mercium absumpturos. (3) sed et ceteros continuos dies inter varia munuscula togas insuper ac pallia distribuit, lege proposita ut Romani Graeco, Graeci Romano habitu et sermone uterentur. spectavit assidue exercentes ephebos, quorum aliqua adhuc copia ex vetere instituto Capreis erat; isdem etiam epulum in conspectu suo praebuit permissa, immo exacta iocandi licentia diripiendique pomorum et obsoniorum rerumque ⟨...⟩ missilia. nullo denique genere hilaritatis abstinuit.

(4) Vicinam Capreis insulam Apragopolim appellabat a desidia secedentium illuc e comitatu suo. sed ex dilectis unum,

dort segelte er, entgegen seiner sonstigen Gewohnheit, zur Nachtzeit weiter, um den günstigen Wind auszunutzen, zog sich hierbei aber einen Durchfall zu, der sich als die Ursache seiner Erkrankung beweisen sollte. **98** (1) Daraufhin segelte er an der Küste Kampaniens und den nächstliegenden Inseln vorbei und verbrachte zurückgezogen noch vier Tage auf Capri, wo er die freie Zeit in aller Heiterkeit genoß.

(2) Als er gerade an der Bucht von Puteoli vorbeisegelte, riefen ihm Passagiere und Seeleute eines soeben erst aus Alexandria eingelaufenen Schiffes, alle in weißen Kleidern, mit Kränzen geschmückt und Weihrauch verbrennend, immerfort ihre Glückwünsche und überschwenglichen Lobeshymnen zu, nur mit seiner Hilfe lebten sie, mit seiner Hilfe führen sie zur See und mit seiner Hilfe erfreuten sie sich ihrer Freiheit und ihres Hab und Guts. Diese Ehrung erheiterte ihn ungemein, und so verteilte er an seine Begleiter vierzig Goldstücke, forderte aber von den einzelnen die unter Eid bekräftigte Zusage, die geschenkte Summe lediglich zum Kauf alexandrinischer Ware zu verwenden. (3) Aber auch an allen folgenden Tagen verteilte er abgesehen von verschiedenen kleineren Geschenken römische Togen und griechische Mäntel; dies war mit der Auflage verbunden, daß die Römer griechische Kleidung trügen und dazu griechisch sprächen, und die Griechen umgekehrt. Ständig schaute Augustus jungen Griechen beim Training zu, Mitglieder von Vereinen, die bereits seit langer Zeit auf Capri in althergebrachter Form existierten; diesen gab er sogar einen Festschmaus, wobei er persönlich anwesend war, und erteilte ihnen die Erlaubnis, ja stellte geradezu die Forderung, freche Scherze zu machen und die von Augustus unter das Volk geworfenen Geschenke wie Früchte, Fleisch- und Fischspeisen sowie andere Dinge zu plündern. Kurz, er gab sich ganz dem Frohsinn hin.

(4) Eine Capri benachbarte Insel nannte er Agrapolis[168], und zwar nach dem trägen Leben in Zurückgezogenheit, das einige seiner Gefolgsleute dort führten. Aber einen seiner

Masgaban nomine, quasi conditorem insulae κτίστην vocare
consueverat. huius Masgabae ante annum defuncti tumulum
cum e triclinio animadvertisset magna turba multisque lumi-
nibus frequentari, versum compositum ex tempore clare
pronuntiavit:

›κτίστου δὲ τύμβον εἰσορῶ πυρούμενον·‹

conversusque ad Thrasyl⟨l⟩um Tiberi comitem contra accu-
bantem et ignarum rei interrogavit, cuiusnam poetae putaret
esse; quo haesitante subiecit alium:

›ὁρᾷς φάεσσι Μασγάβαν τιμώμενον;‹

ac de hoc quoque consuluit. cum ille nihil aliud responderet
quam, cuiuscumque essent optimos esse, cachinnum sustulit
atque in iocos effusus est. (5) mox Neapolim traiecit quanquam etiam tum infirmis intestinis morbo variante; tamen et
quinquennale certamen gymnicum honori suo institutum
perspectavit et cum Tiberio ad destinatum locum contendit.
sed in redeundo adgravata valitudine tandem Nolae succu-
buit revocatumque ex itinere Tiberium diu secreto sermone
detinuit neque post ulli maiori negotio animum accommodavit.
99 (1) Supremo die identidem exquirens, an iam de se
tumultus foris esset, petito speculo capillum sibi comi ac
malas labantes corrigi praecepit et admissos amicos percon-

Auserwählten, Masgaba mit Namen, nannte er gewohnheitsgemäß »Ktistes«[169], wie wenn er der Gründer der Insel gewesen wäre. Als Augustus dann von seinem Speisezimmer aus bemerkte, daß das Grab des ein Jahr zuvor verstorbenen Masgaba von einer großen Menschenmenge mit vielen Fackeln besucht wurde, sprach er deutlich vernehmbar aus dem Stegreif folgenden griechischen Vers:

»Des Gründers Grab seh ich im Feuerschein.«

Und er wandte sich an Thrasyllus, einen Gefolgsmann des Tiberius, der ihm gegenüber lag und keine Kenntnis von der Angelegenheit hatte, mit der Frage, aus dem Werk welches Dichters seiner Meinung nach der Vers stamme. Als dieser zögerte, fügte Augustus noch einen zweiten Vers hinzu:

»Siehst du mit Fackeln Masgaba verehrt?«

und fragte ihn auch nach dem Verfasser dieses Verses. Als jener nichts anderes zu antworten wußte, als daß die Verse sehr gut seien, wer immer auch der Dichter sei, lachte Augustus hell auf und war zu allerlei Scherzen aufgelegt. (5) Bald darauf setzte er nach Neapel über, obwohl ihn auch damals seine Darmbeschwerden beeinträchtigten und sein Gesundheitszustand wechselnd war. Dennoch schaute er sich die zu seinen Ehren eingerichteten, alle vier Jahre stattfindenden gymnastischen Wettspiele bis zum Ende an und begab sich mit Tiberius zu dem vorgesehenen Ort. Aber bei der Rückreise verschlechterte sich sein Gesundheitszustand schließlich so, daß er sich in Nola krank niederlegte, Tiberius von dessen Reise zurückrufen ließ und mit ihm ein langes Gespräch unter vier Augen führte; danach befaßte er sich mit keinem wichtigeren Geschäft mehr.
99 (1) An seinem letzten Lebenstag fragte er immer wieder danach, ob seinetwegen draußen bereits Aufruhr entstanden sei, verlangte nach einem Spiegel, ließ sich sein Haar kämmen, die herabhängenden Wangen hochziehen und erkundigte sich bei den zu ihm vorgelassenen Freunden, ob sie den

tatus, ecquid iis videretur mi[ni]mum vitae commode trans-
egisse, adiecit et clausulam:

›ἐπεὶ δὲ πάνυ κα⟨λ⟩ῶς πέπαισται, δότε κρότον
καὶ πάντες ἡμᾶς μετὰ χαρᾶς προπέμψατε.‹

omnibus deinde dimissis, dum advenientes ab urbe de Drusi
filia aegra interrogat, repente in osculis Liviae et in hac voce
defecit: ›Livia, nostri coniugii memor vive, ac vale!‹ sortitus
exitum facilem et qualem semper optaverat. (2) nam fere
quotiens audisset cito ac nullo cruciatu defunctum quem-
piam, sibi et suis εὐθανασίαν similem – hoc enim et verbo
uti solebat – precabatur. unum omnino ante efflatam ani-
mam signum alienatae mentis ostendit, quod subito pavefac-
tus a quadraginta se iuvenibus abripi questus est. id quoque
magis praesagium quam mentis deminutio fuit, siquidem
totidem milites praetoriani extulerunt eum in publicum.
100 (1) obiit in cubiculo eodem, quo pater Octavius, duobus
Sextis, Pompeio et Ap⟨p⟩uleio, cons. XIIII. Kal. Septemb.
hora diei nona, septuagesimo et sexto aetatis anno, diebus V
et XXX minus.
(2) Corpus decuriones municipiorum et coloniarum a Nola
Bovillas usque deportarunt noctibus propter anni tempus,
cum interdiu in basilica cuiusque oppidi vel in aedium
sacrarum maxima reponeretur. a Bovillis equester ordo suscepit urbique intulit atque in vestibulo domus conlocavit.
senatus et in funere ornando et in memoria honoranda eo

Eindruck hätten, daß er die Komödie des Lebens bis zum
Ende gefällig gespielt habe, und er fügte die in einem Büh-
nenstück üblichen Schlußworte auf griechisch hinzu:

> »Wenn nun das Ganze Euch wohl gefallen hat, so klatscht
> Beifall,
> und entlaßt uns alle mit Dank nach Hause.«

Daraufhin entließ er alle, und während er die gerade aus
Rom Angekommenen nach dem Zustand der kranken Tochter des Drusus fragte, verschied er plötzlich unter den
letzten Küssen Livias mit den Worten: »Livia, gedenke stets
unserer Ehe und lebe wohl!«; dabei hatte er einen leichten
Tod, so wie er es sich immer gewünscht hatte. (2) Denn fast
stets, wenn er hörte, daß jemand schnell und ohne Qualen
verstorben sei, bat er die Götter für sich und die Seinen um
eine ähnliche »Euthanasie« – denn dieses griechische Wort
verwendete er gewöhnlich. Vor seinem Ableben zeigte er
überhaupt nur ein einziges Zeichen von Geistesabwesenheit,
als er plötzlich erschreckt auffuhr und sich darüber beklagte,
daß er von vierzig jungen Männern fortgeschleppt werde.
Auch dies war eher eine Vorahnung als Geistesabwesenheit,
weil es ja ebenso viele Leibgarden waren, die seine Leiche
hinaustrugen. 100 (1) Augustus starb in demselben Zimmer
wie sein Vater Octavius, im Konsulatsjahr der beiden Sextus, Pompeius und Appuleius,[170] am 19. August in der
neunten Stunde, fünfunddreißig Tage vor seinem sechsund-
siebzigsten Geburtstag.
(2) Seine Leiche trugen die Stadträte der Munizipien und
Koloniestädte von Nola bis nach Bovillae, und zwar wegen
der Jahreszeit nachts; tagsüber wurde sie in der Basilika oder
in dem Haupttempel einer jeden Stadt niedergelegt. Von
Bovillae an übernahmen sie Angehörige des Ritterstandes
und trugen sie nach Rom, wo sie in der Vorhalle seines
Hauses aufgebahrt wurde. Der Senat ging bei seinen Vor-
schlägen für die prächtige Begehung der Leichenfeier und

studio certatim progressus est, ut inter alia complura censuerint quidam, funus triumphali porta ducendum, praecedente Victoria quae est in curia, canentibus neniam principum liberis utriusque sexus; alii, exequiarum die ponendos anulos aureos ferreosque sumendos; nonnulli, ossa legenda per sacerdotes summorum collegiorum. (3) fuit et qui suaderet, appellationem mensis Augusti in Septembrem transferendam, quod hoc genitus Augustus, illo defunctus esset; alius, ut omne tempus a primo die natali ad exitum eius saeculum Augustum appellaretur et ita in fastos referretur. verum adhibito honoribus modo bifariam laudatus est: pro aede Divi Iuli a Tiberio et pro rostris veteribus a Druso Tiberi filio, ac senatorum umeris delatus in Campum crematusque. (4) nec defuit vir praetorius, qui se effigiem cremati euntem in caelum vidisse iuraret. reliquias legerunt primores equestris ordinis tunicati et discincti pedibusque nudis ac Mausoleo condiderunt. id opus inter Flaminiam viam ripamque Tiberis sexto suo consulatu extruxerat circumiectasque silvas et ambulationes in usum populi iam tum publicarat.

101 (1) Testamentum L. Planco C. Silio cons. III. Non. Apriles, ante annum et quattuor menses quam decederet, factum ab eo ac duobus codicibus partim ipsius partim

für die Ehrung seines Andenkens so weit, daß unter vielem
anderen einige Senatoren den Antrag einbrachten, der Lei-
chenzug solle durch das Triumphtor ziehen und ihm solle
das Bild der Siegesgöttin, das im Rathaus steht, vorangetragen werden. Söhne und Töchter der vornehmsten Familien
sollten dazu das Trauerlied singen; andere schlugen vor, am
Tag der Beisetzung die goldenen Ringe abzulegen und
eiserne zu tragen; wieder andere, seine Gebeine durch Priester der obersten Kollegien sammeln zu lassen. (3) Ein
Senator machte sogar den Vorschlag, den Monatsnamen
August auf den September zu übertragen, weil Augustus in
diesem geboren, in jenem gestorben sei; ein weiterer schließlich, den ganzen Zeitraum vom Tage seiner Geburt bis zu
seinem Tod Augusteisches Zeitalter zu nennen und es so in
den Kalender einzutragen. Bei den Ehrungen aber bewahrte
man Maß, und es wurden nur zwei Leichenreden auf Augustus gehalten: eine vor dem Tempel des göttlichen Iulius
[Caesar] von Tiberius, die andere vor der alten Rednertri-
büne, und zwar von Drusus, dem Sohn des Tiberius, und
danach wurde der Leichnam des Augustus auf den Schultern
von Senatoren auf das Marsfeld getragen und dort ver-
brannt. (4) Und es fand sich auch ein ehemaliger Prätor, der
eidlich bezeugte, er habe das Bild des Verbrannten zum
Himmel aufsteigen sehen. Die sterblichen Reste sammelten
die vornehmsten Mitglieder des Ritterstandes ein, lediglich
mit der Tunika bekleidet, ohne Gürtel und mit nackten
Füßen, und setzten sie im Mausoleum bei. Diesen Bau hatte
Augustus zwischen der Via Flaminia und dem Tiberufer in
seinem sechsten Konsulat errichten lassen und bereits
damals die ringsum angelegten Parks und Alleen dem Volk
zur öffentlichen Benutzung freigegeben.

101 (1) Sein Testament, das er am dritten April im Konsu-
latsjahr von L. Plancus und Gaius Silius,[171] ein Jahr und vier
Monate vor seinem Tod, verfaßt hatte und das in zwei
Ausfertigungen, teils eigenhändig, teils von seinen Freigelas-

libertorum Polybi et Hilarionis manu scriptum depositum-
que apud se virgines Vestales cum tribus signatis aeque
voluminibus protulerunt. quae omnia in senatu aperta atque
recitata sunt. (2) heredes instituit primos: Tiberium ex parte
dimidia et sextante, Liviam ex parte tertia, quos et ferre
nomen suum iussit; secundos: Drusum Tiberi filium ex
triente, ex partibus reliquis Germanicum liberosque eius tres
sexus virilis; tertio gradu propinquos amicosque compluris.
legavit populo R. quadringenties, tribubus tricies quinquies
sestertium, praetorianis militibus singula milia nummorum,
cohortibus urbanis quingenos, legionaris trecenos nummos;
quam summam repraesentari iussit, nam et confiscatam semper repositamque habuerat. (3) reliqua legata varie dedit
perduxitque quaedam ad vicena sestertia, quibus solvendis
annuum diem finiit, excusata rei familiaris mediocritate nec
plus perventurum ad heredes suos quam milies et quingenties professus, quamvis viginti proximis annis quaterdecies
milies ex testamentis amicorum percepisset, quod paene
omne cum duobus paternis patrimoniis ceterisque heredi-
tatibus in rem p. absumpsisset. Iulias filiam neptemque, si
quid iis accidisset, vetuit sepulcro suo inferri. (4) tribus
voluminibus, uno mandata de funere suo complexus est,
altero indicem rerum a se gestarum, quem vellet incidi in
aeneis tabulis, quae ante Mausoleum statuerentur, tertio

senen Polybios und Hilarion schriftlich erstellt, bei den Vestalischen Jungfrauen hinterlegt worden war, haben diese mit drei weiteren in gleicher Art und Weise versiegelten Schriftrollen ausgehändigt. Diese Schriftstücke wurden alle im Senat geöffnet und vorgelesen. (2) Als ersten Erben bestimmte er Tiberius mit der Hälfte und einem Sechstel, Livia mit einem Drittel, die auch beide seinen Namen tragen sollten. Als Erben zweiten Grades setzte er Drusus ein, den Sohn des Tiberius, mit einem Drittel des noch verbleibenden letzten Zwölftels, und Germanicus und seine Söhne mit den restlichen Teilen. Als Erben dritten Grades sah er mehrere Verwandte und Freunde vor. Er vermachte dem römischen Volk vierzig Millionen Sesterzen, den Stadtbezirken dreiein-halb Millionen, den Prätorianern jeweils tausend Sesterzen, den städtischen Kohorten fünfhundert pro Person und den Legionssoldaten je dreihundert Sesterzen. Diese Summe sollte seinem Befehl gemäß bar ausgezahlt werden, denn er hatte sie stets zu diesem Zweck in seiner Kasse aufgehoben und bereitliegen. (3) Die übrigen Legate waren unterschied-lich hoch, manche erreichten zwanzigtausend Sesterzen. Zu ihrer Ausbezahlung legte er eine Frist von einem Jahr fest, was er mit der geringen Höhe seines Vermögens entschul-digte; weiterhin erklärte er ganz offen, daß auf seine Erben lediglich hundertfünfzig Millionen fallen, obgleich er in den letzten zwanzig Jahren durch die Testamente seiner Freunde vierzehnhundert Millionen erhalten habe; diese Summe habe er fast ganz, zusammen mit seinen beiden väterlichen und den übrigen Erbschaften, für das Wohl des Staates ver-wandt. Die beiden Iuliae, seine Tochter und seine Enkelin, verbot er nach ihrem Ableben in seinem Grab beizusetzen. (4) Von den drei anderen Schriftstücken enthielt das eine die Anordnungen über seine Bestattung, das zweite ein Ver-zeichnis seiner Taten, das auf erzenen Tafeln[172] aufgeschrie-ben war, die vor seinem Mausoleum aufgestellt werden sollten, das dritte eine kurze Übersicht über das gesamte

breviarium totius imperii, quantum militum sub signis ubique esset, quantum pecuniae in aerario et fiscis et vectigaliorum residuis. adiecit et libertorum servorumque nomina, a quibus ratio exigi posset.

Reich: wie viele Soldaten überall unter Waffen standen, wieviel Geld im Staatsschatz und in den kaiserlichen Kassen und vom Steueraufkommen noch vorhanden war. Ferner hat er auch die Namen der Freigelassenen und Sklaven beigefügt, von denen Rechenschaft gefordert werden könnte.

Anmerkungen

Der lateinische Text folgt der Ausgabe von Maximilian Ihm: *C. Suetoni Tranquilli Opera*, Vol. 1: *De vita Caesarum Libri VIII*, Leipzig: Teubner, 1908/1933, Neudr. Stuttgart 1958 (Bibliotheca Teubneriana). – Vgl. auch Anm. 111.

1 Die Familie der Octavii gehörte nicht zur Nobilität. Augustus errang als erster seiner Familie das Konsulat.

2 Heute Velletri; im Land der Volsker, eines Volkes in Mittelitalien, zwischen Latium und Kampanien gelegen.

3 Dieser ältesten in den Einzelheiten noch einigermaßen faßbaren staatlichen Ordnung der späteren Königszeit muß ein Zustand vorangegangen sein, in dem das Gemeinschaftsleben ganz und gar auf den *gentes* beruhte; das gesamte Volk setzte sich zusammen aus den *gentes*, die ihrerseits aus den allein vollfreien Gentilen bestanden und den zugehörenden und unterworfenen Klienten. Vgl. E. Meyer, *Römischer Staat und Staatsgedanke*, Zürich/Stuttgart 1964, S. 34 f.

4 Lucius Tarquinius Priscus war der fünfte römische König.

5 Servius Tullius war der Sage nach der sechste König Roms.

6 Dieser ist nicht eindeutig zu identifizieren, da es zahlreiche Mitglieder der Familie der Octavii mit diesem Namen gab. Vgl. *Realencyclopädie der classischen Altertumswissenschaft* (RE) XVII,2 (1937) Sp. 1853 f., dort weitere Hinweise.

7 Aemilius Papus war Konsul (282 v. Chr. und 278 v. Chr.) und Zensor (275 v. Chr.), er gilt bei Cicero, *Laelius* 39, als Beispiel für moralische Integrität.

8 Die berühmte Stadt Sybaris, in Kalabrien gelegen, wurde 510 v. Chr. zerstört und mit Hilfe Athens 443 v. Chr. neugegründet unter dem Namen Thurii.

9 C. Octavius, Vater des Augustus, etwa 101–59 v. Chr.

10 In der Antike hieß die Ebene vor der Servianischen Mauer, zwischen dem Kapitol im Süden, dem Tiber im Westen und den Ausläufern des Quirinal und des Pincio im Osten und Norden *Campus Martius*, Marsfeld.

11 Spartacus, ein Thraker, geriet in römische Kriegsgefangenschaft, wurde Sklave und versammelte nach seiner Flucht (73 v. Chr.) zahlreiche flüchtige Sklaven um sich, mit denen er einen Auf-

168 *Anmerkungen*

stand gegen die Römer unternahm. Schließlich wurde er von Crassus im Jahre 71 v. Chr. geschlagen und fiel.

12 Lucius Sergius Catilina versuchte nach dem vergeblichen Bemühen, auf legalem Weg das Konsulat zu erreichen, mittels einer Verschwörung, die Herrschaft in Rom an sich zu reißen (63 v. Chr.). Diese Verschwörung wurde von dem amtierenden Konsul Marcus Tullius Cicero aufgedeckt. Es kam zu einer Schlacht, in der Catilina fiel (62 v. Chr.).

13 Kriegerischer Stamm in Thrakien, vor allem am mittleren, teilweise am oberen Hebroslauf sowie in einigen Rhodopegegenden.

14 Quintus Cicero, etwa 102 v. Chr. geboren, fiel 43 v. Chr. den Proskriptionen zum Opfer, war 65 v. Chr. Ädil und 62 v. Chr. Prätor. Danach war er Statthalter in der Provinz Asia, wobei seine Amtszeit zweimal verlängert wurde.

15 M. Tullius Cicero, ad Quintum fratrem I,1,21; 2,7: »Et mediocri me dolore putas adfici, cum audiam, qua sit existimatione Vergilius, qua tuus vicinus, C. Octavius?« – »Und Du glaubst, es störe mich nicht sehr, wenn ich höre, in welchem Ansehen C. Vergilius oder Dein Nachbar C. Octavius stehen?«

16 59 v. Chr.

17 Die ältere Octavia ist vor 70 v. Chr. geboren, die jüngere Octavia ist um 70 v. Chr. geboren und starb 11 v. Chr.; sie war mit M. Antonius verheiratet.

18 Vgl. den Stammbaum der Familie des Augustus.

19 Geburtsjahr unbekannt, war 59 v. Chr. Prätor, vermählt mit Iulia, der Schwester von C. Iulius Caesar. M. Atius Balbus muß bald nach 59 v. Chr. gestorben sein.

20 An der Via Appia gelegen, heute Ariccia.

21 Vgl. Anm. 19.

22 Cassius aus Parma, einer der Caesarmörder, Dichter von Satiren, Elegien und Epigrammen (vgl. Horaz, epist. I,4,3), kämpfte bei Aktium mit und wurde danach hingerichtet.
Neben Cassius aus Parma nennt Sueton weitere Schriftsteller, die uns nur durch ihn bekannt sind: Aquilius Niger (11); Iulius Saturninus (27,2); Iulius Marathus (79,2; 94,3); C. Drusus (94,6). Des weiteren zitiert Sueton aus den Werken uns bekannter Autoren, wie etwa Cremutius Cordus (35,2); Valerius Messalla (74); Cornelius Nepos (77) und Asclepiades von Mendes (94,4). Vgl. Nachwort.

23 Stadt in Lukanien an der Straße von Capua nach R(h)egium.
24 63 v. Chr.
25 Munatius Plancus aus Tibur, geboren zwischen 90 und 85
   v. Chr., beantragte am 16. Januar 27 v. Chr. im Senat den
   Augustus-Titel für Octavian. Vgl. Cassius Dio 53,16,6; Velleius
   Paterculus 2,91,1.
26 Korrekte Etymologie vom Stamm *aug-*, eigentlich: »was mit
   Mehrung versehen ist« (A. Walde, *Lateinisches Etymologisches
   Wörterbuch*, Heidelberg 1965, Bd. 1, S. 83).
27 Quintus Ennius, 239–169 v. Chr., Verfasser von Dramen und
   einem historischen Epos, *Annales*, das die Geschichte Roms von
   der Ankunft des Aeneas in Italien bis in die Zeit des Ennius
   behandelt. Der Vers stammt aus den Annalen, V. 502 (Ausg. von
   J. Vahlen, Leipzig ²1903).
28 59 v. Chr.
29 Im Jahre 51 v. Chr. hielt Augustus die Leichenrede für Iulia. Die
   laudatio funebris, die öffentliche Leichenrede, war der wesent-
   liche Bestandteil bei dem Begräbnis eines Mitglieds der Nobilität. Diese *laudatio* hielt entweder ein Familienmitglied oder ein
   enger Freund der Familie. Vgl. die Angaben Ciceros über den
   Wahrheitsgehalt solcher Reden, Brut. 61/61.
30 Am 18. Oktober 49 v. Chr. nahm er die *toga virilis* (vgl. *Corpus
   inscriptionum latinarum*, Bd. 1, Leipzig/Berlin ²1893, S. 332).
31 45 v. Chr.; vgl. Sueton, *Caesar* 35/36.
32 Im November oder Dezember 46 v. Chr. beschloß Caesar, nach
   Spanien aufzubrechen. Entschieden wurde der Feldzug mit dem
   Siege Caesars am 17. März 45 v. Chr. bei Munda.
33 Vgl. Anm. 32.
34 Griechische Stadt im Süden Illyriens im Gebiet der Taulantier,
   gegründet 588 v. Chr. von Bewohnern der Insel Korkyra (heute
   Korfu) und Korinth.
35 Lebte von 102 bis nach 43 v. Chr., 56 v. Chr. Konsul. Vgl. W.
   Schmitthenner, *Oktavian und das Testament Caesars*, München
   ²1973.
36 Lag an der Via Aemilia, eine alte Stadt der Etrusker, wo in den
   Jahren 44–43 v. Chr. der Krieg stattfand.
37 Der Krieg dauerte bis 42 v. Chr.
38 41 v. Chr.
39 Bereits 44 v. Chr. war der Krieg auf Sizilien ausgebrochen und
   wurde erst 36 v. Chr. beendet.
40 Der Krieg um Aktium dauerte bis 30 v. Chr.

41 Dies waren die Mörder Caesars.

42 Gemeint ist Caesars Sieg bei Pharsalus 48 v. Chr.

43 Für das Amt des Volkstribunen waren nur Plebejer wählbar.
Vgl. Meyer, S. 110 f., S. 45 ff. Vgl. auch Anm. 94.

44 Vgl. Anm. 36.

45 A. Hirtius war Gefolgsmann und nächster Vertrauter Caesars.
Er war 43 v. Chr. Konsul zusammen mit C. Vibius Pansa.
Hirtius fiel am 21. April im Kampf gegen Antonius vor Mutina,
Pansa starb am 23. April.

46 Vgl. Anm. 22.

47 Vgl. I. Opelt, *Die lateinischen Schimpfwörter und verwandte
sprachliche Erscheinungen. Eine Typologie*, Heidelberg 1965,
S. 152. – Bei *tollere* liegt offenbar ein Wortspiel vor. Es kann
heißen: »befördern« und »beseitigen, ins Jenseits befördern«
(vgl. Cic. ad fam. XI,20,1).

48 In Umbrien, Geburtsort des hl. Benedikt; dieser Vorgang gehört
wahrscheinlich zum Perusinischen Krieg, vgl. Cassius Dio
48,13,2.

49 Vgl. Anm. 37.

50 *micare (digitis)*, die Finger schnell ausstrecken und andere ihre
Anzahl erraten lassen, ein Fingerspiel, das auch heute noch in
Unteritalien unter dem Namen »alla mora« bekannt ist.

51 Lebte um 90–42 v. Chr.; Gegner der Triumvirn und Anhänger
Catos, kam wegen seiner unnachgiebigen Haltung bei Ämterbe-
werbungen nicht immer gleich zum Ziel. Trotz der politischen
Situation erreichte er 49 v. Chr. die Prätur.

52 Vgl. Anm. 22.

53 *Baiae*, Ort bei Cumae. Bekannt wegen der heißen Schwefelquel-
len. Vgl. Livius, *Ab urbe condita* XLI,16,3. Angenehmes Klima
und herrliche Vegetation zogen die Römer an; das Gebiet war
aber nicht frei von Malaria. Vgl. Cicero, ad fam. IX,12,1;
lucrinus lacus, Lucriner See, heute Strandlagune Mariallo in
Kampanien. *Avernus lacus*, Averner See, liegt in Kampanien in
der Nähe von Puteoli.

54 Mylae liegt an der Nordküste Siziliens, Naulochus östlich
davon.

55 Griechische Kolonien an der Ostküste des heutigen Kalabrien.

56 P. Aemilius Lepidus (Konsul 34 v. Chr.) war der Sohn von L.
Aemilius Paulus (Konsul 50 v. Chr.), der von seinem eigenen
Bruder, dem Triumvirn Lepidus, in die Proskriptionslisten auf-
genommen wurde.

57 Ort an der Grenze zwischen Latium und Kampanien, heute Cap Circei.

58 Das Testament hat Antonius bei den Vestalinnen hinterlegen lassen. D. Kienast, *Augustus. Prinzeps und Monarch*, Darmstadt 1982, S. 57 ff., sieht als Hauptgrund dafür, daß es sich um ein politisches Testament handelte, dessen Erben auch ausgedehnte Besitzungen im Westen des Reichs erhalten würden und die Klientel des Antonius übernehmen könnten. Zum Inhalt des Testaments vgl. Plutarch, Ant. 58, Cassius Dio 50,3,3 ff.

59 C. Sosius war Unterfeldherr des Antonius, eroberte mit Unterstützung von Herodes 37 v. Chr. Jerusalem; Domitius war der Urgroßvater Neros, vgl. Sueton, *Nero* 3.

60 Das heutige Bologna.

61 Libyscher Volksstamm; die Psyller galten als Menschen, die gegen Schlangengift immun waren und deren Hilfe bei derartigen Verwundungen als besonders wirksam eingeschätzt wurde.

62 Augustus hatte Nikopolis als neues Zentrum des Griechentums vorgesehen, anstelle von Athen, das für Antonius eingetreten war; vgl. Kienast, S. 373, dort weitere Angaben.

63 Außer M. Egnatius gehörten die genannten Verschwörer zur Senatsaristokratie.

64 Sklaven oder Freigelassene begleiteten ihren Herrn und nannten Namen und weitere Angaben der Personen, deren Bekanntschaft diesem wichtig erschien.

65 Vgl. Angaben in Kap. 65.

66 Der Krieg in Dalmatien dauerte von 35 bis 33 v. Chr., derjenige in Kantabrien von 29 bis 25 v. Chr.

67 *Vindelici*, keltisches Volk auf der oberbayerisch-oberschwäbischen Hochebene; die *Salassi* waren ein Volk im nordwestlichen Italien, im heutigen Aostagebiet.

68 Dies war ein Grundsatz des *bellum iustum*, des gerechten Krieges.

69 Vom siebten bis zum dritten Jahrhundert v. Chr. saßen Volksgruppen auf dem Gebiet der heutigen Ukraine, die man zusammenfassend als Skythen bezeichnet. Vgl. Herodot, Hist. IV.
Die augusteischen Dichter kannten Einzelheiten über die Skythen. So etwa Horaz (65–8 v. Chr.), der von der Kälte ihres Landes zu berichten weiß, carm. I,26,4; IV,5,25, oder von ihrer Kampfesweise, carm. I,35,9; IV,14,42; in diesem Gedicht hebt Horaz besonders die Leistungen von Augustus hervor, Verse 41 ff.:

Te Cantaber non ante domabilis
  Medusque et Indus, te profugus Scythes
    Miratur, o tutela praesens
      Italiae dominaeque Romae.

Dich bewundert gezähmt der Kantaber,
der Meder, Inder, der flüchtige Skythe,
o stets gegenwärtiger Beschützer Italiens
und der Herrin Rom.

70 Vgl. dazu M. Wissemann, *Die Parther in der augusteischen Dichtung*, Frankfurt a. M./Bern 1982.

71 Nach dem Krieg um Philippi: um 42 v. Chr.; erst 36 v. Chr. wurde der Sizilische Krieg beendet; vgl. Anm. 39.

72 Marcus Lollius, Konsul 21 v. Chr., erlitt im Sommer 16 v. Chr. gegen die Germanen (Sugambrer, Usipeter, Tenkterer) eine schwere Niederlage; Publius Quinctilius Varus wurde 9 n. Chr. im Teutoburger Wald vernichtend geschlagen. Vgl. Tacitus, Ann. I,60 f.; Vell. Pat. 2,119,3.

73 Vgl. Kienast, S. 119 f.

74 Σπεῦδε βραδέως entspricht lateinisch *festina lente*; vgl. Aulus Gellius X,11.
Der Vers stammt aus Euripides, *Phoenissen* V,599.

75 Das erste Konsulat erhielt Augustus zusammen mit seinem Onkel Q. Pedius am 19. April 43 v. Chr., das zweite trat er am 1. Januar 33 v. Chr. an, das dritte und die folgenden bis zum elften in den Jahren 31–23 v. Chr., im Jahre 5 v. Chr. das zwölfte und das dreizehnte Konsulat im Jahre 2 v. Chr.

76 Augustus trat am 1. Januar 26 v. Chr. das achte Konsulat in Tarraco, dem heutigen Tarragona, an.

77 Die Triumvirn Antonius, Lepidus und Octavian veröffentlichten am Beginn ihrer Herrschaft (November 43 v. Chr.) Listen geächteter Gegner. Dies erlaubte ihnen, das Vermögen der Proskribierten einzuziehen. Den Proskriptionen sollen dreihundert Senatoren und zweitausend Ritter zum Opfer gefallen sein. Vgl. Kienast, S. 34 ff.

78 C. Toranius wurde nach dem Tod von C. Octavius, dem Vater von Augustus, Vormund des späteren Prinzeps. Während des Bürgerkriegs war er Anhänger des Pompeius und wurde 43 v. Chr. auf die Proskriptionsliste gesetzt. Vgl. Cicero, ad fam. 6,20 f.

79 Vgl. Cassius Dio 47,7,5.

80 Im Jahre 23 v. Chr. erhielt Augustus die *tribunicia potestas*, die tribunizische Gewalt. Mit Hilfe dieser Vollmacht konnte Augustus den Senat einberufen, mit dem Senat verhandeln, in jeder Senatssitzung ein Thema als erster vortragen. Allerdings hat er nach Niederlegung des Konsulats im Jahre 23 v. Chr. einige Privilegien eingebüßt, die er durch die Übertragung der *tribunicia potestas* nicht zurückbekam, so etwa das Recht, den Vorsitz bei der Wahl der höheren Beamten zu führen, oder das Recht auf Ernennung eines Stadtpräfekten. Vgl. Kienast, S. 88 ff.

81 Die Zensoren hatten die Aufgabe, die Vermögensschätzung und Musterung der Bürger vorzunehmen. Eine solche Schätzung fand alle fünf Jahre statt. Bekannt ist vor allem der *census* von Augustus, Lk. 2,1–2: »(1) Ἐγένετο δὲ ἐν ταῖς ἡμέραις ἐκείναις ἐξῆλθεν δόγμα παρὰ Καίσαρος Αὐγούστου ἀπογράφεσθαι πᾶσαν τὴν οἰκουμένην. (2) αὕτη ἀπογραφὴ ἐγένετο πρώτη ἡγεμονεύοντος τῆς Συρίας Κυρηνίου.« – »Es begab sich aber zu der Zeit, daß ein Gebot von dem Kaiser Augustus ausging, daß alle Welt geschätzt würde. Und diese Schätzung war die allererste und geschah zu der Zeit, da Cyrenius Landpfleger in Syrien war.«

82 Die ersten beiden Fora waren das Forum Romanum und das Forum Iulium.

83 Zwischen Weihe und Gelübde lag ein Zeitraum von vierzig Jahren!

84 Heute Rimini.

85 Während Augustus die sibyllinischen Weissagungen unter der Statue des Palatinischen Apollo verbergen ließ, blieben die alten sibyllinischen Bücher weiter im Tempel des Iupiter auf dem Kapitol. Vgl. Kienast, S. 195 ff.

86 Der ursprüngliche Sinn des *Augurium Salutis* war wohl die Bitte um Mehrung der *salus populi Romani*, des Wohlergehens des römischen Staates. Ein solches *Augurium* durfte nur dann vorgenommen werden, wenn kein Heer ausrückte oder auf dem Schlachtfeld stand. Dies war 29 v. Chr. der Fall, als der Ianusbogen durch Augustus geschlossen wurde.

87 Es handelt sich dabei um ein Fest für Faunus, den Gott der Hirten und Herden.

88 Der Dichter Horaz verfaßte zu den Hundertjahrspielen, *ludi saeculares*, im Jahre 17 v. Chr., ein Gedicht, das *carmen saeculare*.

89 Ein altes bäuerliches Winterfest; es wurde an den *compita*, den Kreuzwegen, von den Anwohnern gefeiert.

90 Gesetz, das der Diktator Lucius Cornelius Sulla erließ; es sah Strafen für Fälschungen von Testamenten, Münzen usw. vor. Vgl. Dig. 48,10.

91 Germanicus, ein Enkel von Augustus, war mit Agrippina verheiratet. Vgl. Stammtafel.

92 Aulus Cremutius Cordus, römischer Geschichtsschreiber der augusteischen Zeit, verherrlichte in seinen *Annales* die Caesarmörder Brutus und Cassius. Deswegen wurde er angeklagt und nahm sich das Leben. Bruchstücke seines Werkes sind erhalten. Vgl. Quintilian, inst. or. 10,1,104, der den Freimut seines Urteils hervorhebt.

93 Die Hundertmänner traten bei einem Sondergerichtshof vor allem für Eigentums- und Erbschaftsprozesse von hohem Streitwert als Richter auf.

94 Vgl. J. Bleicken, *Die Verfassung der römischen Republik*, Paderborn ²1978, S. 86: »Da der Tribun nicht Bestandteil der öffentlichen Rechtsordnung und folglich seine Aktionen rechtens nicht abgesichert waren, hatte die gegen die Patrizier revoltierende Plebs ihn mit einem religiösen Tabu belegt, das ihn – als Ersatz für die mangelnde Rechtsstellung – vor Angriffen schützte und den Angreifer als einen Sakralverbrecher brandmarkte. Der so geheiligte Tribun war also unverletzlich (*sacrosanctus*).« Vgl. J. Bleicken, *Das Volkstribunat der klassischen Republik. Studien zu seiner Entwicklung zwischen 287 und 133 v. Chr*:, München ²1968.

95 Vgl. Anm. 81.

96 Tiberius war der Stiefsohn des Augustus. Vgl. Stammtafel.

97 Vgl. Vergil, Aen. 1,282.

98 Die Toga ist das römische Gewand schlechthin. Bei einem offiziellen Anlaß war sie dem Römer vorgeschrieben, Nicht-Römer durften sie nicht tragen.

99 Das Wort fehlt in den Handschriften.

100 Die sog. Naumachia des Augustus.

101 Er war 40 v. Chr. Konsul (vgl. 4. Ekloge des Dichters Vergil), Historiker, Redner, Dichter und Verfasser grammatischer Schriften. Er hat die erste öffentliche Bibliothek in Rom im Libertastempel gegründet.

102 Ehemaliger Platz für Volksversammlungen, in der Nähe des Forum.

103 Heute Pozzuoli, bei Neapel.

104 Zwischen 10 und 11 Uhr morgens.

105 *Togata* ist eine römische Komödie und spielte im römischen Gewand und Milieu, im Gegensatz zu den *Palliatae* genannten Stücken, die in Athen spielten.

106 Hafenbucht in der Nähe von Neapel.

107 Calagurris im Ebrotal.

108 Berühmtester Gemmenschneider der augusteischen Zeit. Er fertigte 31 v. Chr. den Siegelstein für Augustus an. Vgl. Plinius, hist. nat. 37,8; Cassius Dio 51,3. Einige Gemmen sind noch heute erhalten.

109 Heute Cordoba in Spanien.

110 Dies war im Jahre 22 v. Chr.

111 *Adoperta*, »geschlossen« (Ausgabe von M. Ihm), würde bedeuten, daß sich Augustus dem Volk entziehen wollte; daher wird hier die Konjektur *adaperta*, »offen«, vorgezogen, d. h., Augustus wollte dadurch seinen Kontakt zum Volk verbessern.

112 Er war ein berühmter Jurist, gestorben 10/11 n. Chr. Antistius Labeo genoß große Autorität bei allen späteren Juristen. Vgl. dazu W. Kunkel, *Herkunft und soziale Stellung der römischen Juristen*, Graz/Wien/Köln ²1967, S. 114 f.

113 Der See lag in der Mitte des Forum Romanum. Über seine Entstehung gibt es verschiedene Versionen. Vgl. Varro, *De Lingua Latina* V,148–150; Livius, *Ab urbe condita* VII,6.

114 Nicht nur in der Dichtung, sondern auch auf Münzen und Inschriften ehrte man Augustus als Retter des Staates, und zwar bereits ab 27 v. Chr. mit dem Titel eines *parens* oder eines *pater*. Vgl. Kienast, S. 110 ff.; A. Alföldi, *Der Vater des Vaterlandes*, Darmstadt 1971, S. 92 ff. Aber erst 2 v. Chr. nahm Augustus das Angebot des Konsulars M. Valerius Messalla Corvinus an, den Titel *pater patriae* zu tragen. Vgl. Kienast, S. 110.

115 Vgl. Anm. 113.

116 Zur Behandlung des Arztes Antonius Musa vgl. J.-F. Schulze, »Die Entwicklung der Medizin in Rom und das Verhältnis der Römer gegenüber der ärztlichen Tätigkeit von den Anfängen bis zum Beginn der Kaiserzeit«, in: *Živa Antika* 21 (1971) S. 498 ff.

117 Griechischer Gott der Heilkunde, Sohn des Apollo und der Koronis. Nach Rom wurde der schlangenleibige Gott auf Anraten der Sibyllinen im Jahr 293 v. Chr. geholt. Vgl. Livius X,47,7; Ovid, Met. XV,622 ff.

118 Diesen Namen erhielten zahlreiche Städte im gesamten römischen Reich, etwa C., heute Cherchel in Algerien, C. am südlichen Abhang des Hermon an einer der Hauptquellen des Jordan, C. am Meer, wo Vespasian zum Kaiser ausgerufen wurde, C. in Kappadozien usw.

119 10 v. Chr.

120 Er war als Nachfolger des Augustus vorgesehen. Vgl. Horaz, carm. I,12,45 f.; Vergil, Aen. VI,867 ff. Marcellus starb 23 v. Chr.

121 Der spätere Kaiser, Regierungszeit: 14–37 n. Chr.

122 Cotiso kontrollierte ein Gebiet, das zwischen dem von Augustus eroberten Dalmatien und Makedonien lag.

123 Badeort zwischen Cumae und Misenum. Vgl. Anm. 53.

124 Heute Marseille.

125 Homer, *Ilias* III,40, wo Hektor dem Paris zuruft: »Wärest du nie geboren und unvermählt gestorben.«

126 Verfasser von Elegien, in denen er seine Geliebte Lycoris besang. Er war im Jahr 30 v. Chr. einer der Heerführer gegen Antonius im alexandrinischen Krieg. Wegen seiner Überheblichkeit wurde er 26 v. Chr. angeklagt und verurteilt, tötete sich aber selbst. Vgl. Cassius Dio 53,23,6 f.

127 Bruder von Terentia, der Gattin des Maecenas. Die Verschwörung fiel in das Jahr 23 v. Chr.

128 Kreis im doppelten Sinn: Kreis der Handpauke und der Erdkreis.
Die Priester der Kybele waren Eunuchen.

129 Vgl. *Comicorum incertae aetatis fragmenta*, S. 143.

130 Sohn des Zeus und der Leto.

131 Vgl. *Fragmenta poetarum Romanorum*, S. 340.

132 Vgl. ebd., S. 341.

133 Eine heute unbekannte Metallegierung. Es handelt sich offenbar um wertvolle Vasen.

134 Vgl. *Fragmenta poetarum Romanorum*, S. 341.

135 Vgl. I. Opelt, *Vom Spott der Römer*, München 1969.

136 Man verwendete als Würfel Knöchelchen, wobei vier Seiten jeweils eine Zahl trugen: 1 war der Hundewurf; Venuswurf lag dann vor, wenn alle Würfel verschiedene Zahlen zeigten: 1, 3, 4, 6.

137 Vgl. Anm. 22.

138 Altes Hauptfest des römischen Kalenders, 17. Dezember eines jeden Jahres. Es herrschte der Brauch, kleine Geschenke zu

vergeben. Der Dichter Martial beschreibt in verschiedenen
Epigrammen (Buch 14) derartige Vorgänge.

139 Vgl. Anm. 22.

140 Vgl. Vergil, georg. II,96: »et quo te carmine dicam Raetica?« –
»Dich, Raeterwein, mit welchem Lied soll ich dich rühmen?«

141 Vgl. Anm. 22.

142 Vgl. Anm. 115. Vgl. auch Kap. 59.

143 Albula: schwefelhaltige Quellen zwischen Rom und Tibur.

144 Vgl. Anm. 36.

145 Die hier genannten Schriften sind uns nicht überliefert, wohl
aber ein Rechenschaftsbericht, das sog. *Monumentum Ancyranum.*

146 Der richtige Ajax hatte sich in das Schwert gestürzt, derjenige
des Augustus in den Schwamm, mit dem das Werk ausgewischt
wurde.

147 Dies ist grammatisch nicht notwendig; Augustus schrieb demnach *in Roma* statt *Romae* (in Rom).

148 T. Annius Cimber stand im Krieg auf seiten des Antonius,
44–43 v. Chr. Ihm wurde vorgeworfen, seinen eigenen Bruder
ermordet zu haben. Vgl. Quintilian, inst. or. 8,3,28; Cicero,
Phil. 11,14.
Über Veranius Flaccus ist sonst weiter nichts bekannt, als daß
er sich einer altertümlichen Ausdrucksweise bediente.
Sallustius Crispus (86–35 v. Chr.), ein Anhänger Caesars, ver-
faßte die *Coniuratio Catilinae*, die Verschwörung des Catilina,
sowie eine Schrift über den Krieg des Iugurtha, das *Bellum
Iugurthinum, Historiae* und zwei politische Schriften.
Origines (»Urgeschichte«), ein Werk des älteren Cato (239–149
v. Chr.), welches als das älteste Geschichtswerk in lateinischer
Sprache angesehen werden kann.
Unter asiatischem Stil versteht man eine überladene, pompöse
Ausdrucksweise, dem der nüchterne attische Stil gegenüberge-
stellt wird.

149 *Kalendae* bedeutet: der erste Tag im Monat. Die Griechen
kannten diese Datumsbestimmung nicht, griechische Kalenden
bedeutet demnach: Nie.

150 *Domuos*: ältere Genitivform für *domus*.

151 Berühmter Rhetor des ersten Jahrhunderts v. Chr.

152 Bekannter stoischer Philosoph aus Alexandria, von dem eine
Trostschrift an Livia in Auszügen erhalten ist. Vgl. Seneca,
Consol. ad Marciam 4,3–5,6.

153 Quintus Caecilius Metellus Macedonicus hielt als Zensor im
    Jahre 131 v. Chr. eine berühmte Rede, in der er die Römer
    aufforderte, zur Erhaltung der Geschlechter mehr Ehen einzu-
    gehen.

154 Höchstwahrscheinlich handelt es sich hierbei um Publius Ruti-
    lius Rufus, Konsul 105 v. Chr., der auch im *Brutus* von Cicero
    als Redner erwähnt wird (*Brutus* 110 f.). Vgl. Vitruvius 2,8,8
    und 17; Strabo 5,3,7.

155 Vgl. Kap. 29.

156 Vgl. Anm. 37.

157 Heute Ischia.

158 Vgl. Kapitel 79,2.

159 Stammt aus Ägypten und schrieb nach Angaben der Suda eine
    »Harmonie aller Religionen«.

160 Publius Nigidius Figulus, Senator und Freund Ciceros, unter-
    stützte Pompeius im Bürgerkrieg, starb im Exil um 45/44
    v. Chr.

161 Über ihn ist sonst nichts bekannt.

162 Damit ist der Senatorenstand gemeint.

163 Der erste König Roms.

164 Heute Bologna.

165 »Glückskind«.

166 »Sieger«.

167 *M*: Abkürzung für den Vornamen *Marcus*; »aesar« bedeutet:
    Tod.

168 »Nichtstuerstadt«.

169 »Städtegründer«.

170 Also 14 n. Chr.

171 13 n. Chr.

172 Das Monumentum Ancyranum.

Literaturhinweise

Ausgaben und Übersetzungen

C. Suetoni Tranquilli Opera. Vol. 1: De vita Caesarum Libri VIII. Hrsg. von M. Ihm. Leipzig: Teubner, 1908/1933. Neudr. Stuttgart 1958.

Sueton's Kaiserbiographien. Übers. von A. Stahr. Stuttgart: Hoffmann 1857.

Suetonius Tranquillus: Opera. Hrsg. von J. C. Rolfe. London: Loeb, 1920.

Suétone: Vies des douze Césars. 3 Bde. Hrsg. von H. Ailloud. Paris: Les Belles Lettres, 1931–32.

C. Suetonius Tranquillus: Leben der Caesaren. Hrsg. von A. Lambert. Zürich/Stuttgart: Artemis, 1955.

Sueton: Caesarenleben. Hrsg. von M. Heinemann. Einl. von R. Till. 8. Aufl. im Rahmenteil bearb. von R. Häußler. Stuttgart: Kröner, 2001.

C. Suetonius Tranquillus: Die Kaiserviten. Berühmte Männer. Hrsg. von H. Martinet. Darmstadt: Wissenschaftliche Buchgesellschaft, 1997.

C. Suetonius Tranquillus: Das Leben der römischen Kaiser. Übers. von H. Martinet. Düsseldorf: Albatros, 2001.

Sekundärliteratur

Albrecht, M. v.: Geschichte der römischen Literatur. 2 Bde. Bern/München ²1994.

Anna, G. d': Le idee letterarie di Suetonio. Florenz 1954.

Bleicken, J.: Augustus. Eine Biographie. Berlin 1998.

Bringmann, K.: Augustus. Darmstadt 2007.

Carter, J. M.: Suetonius: Divus Augustus. Bristol 1982.

Cizek, E.: Structures et idéologies dans les vies des douze Césars de Suétone. Bukarest/Paris 1977.

Corte, F. della: Suetonio, eques Romanus. Mailand 1958, ²1967.

Dihle, A.: W. Steidle und die antike Biographie. In: Göttingische Gelehrte Anzeigen 208 (1954) S. 45–55.

– Studien zur griechischen Biographie. Göttingen 1956.

Eck, W.: Augustus und seine Zeit. 4. überarb. Aufl. München 2006.

Flach, D.: Zum Quellenwert der Kaiserbiographien Suetons. In: Gymnasium 79 (1972) S. 273–289.
– Einführung in die römische Geschichtsschreibung. Darmstadt 1985.
– [Rez.]: J. Gascou: Suétone historien. In: Gnomon 1986. H. 4 S. 321 ff.
Galinsky, K. (Hrsg.): The Cambridge Companion to the Age of Augustus. Cambridge 2005.
Gascou, J.: Suétone historien. Paris/Rom 1984.
Gugel, H.: Studien zur biographischen Technik Suetons. Wien/Köln/Graz 1977.
Haenisch, E.: Die Cäsarbiographien Suetons. Münster 1937.
Hanslik, R.: Die Augustusvita Suetons. In: Wiener Studien 47 (1954) S. 99–145.
Hönn, K.: Augustus im Wandel zweier Jahrtausende. Leipzig 1938.
Jenkinson, E.: Cornelius Nepos and Biography at Rome. In: Aufstieg und Niedergang der Römischen Welt. Hrsg. von H. Temporini. Tl. 1. Bd. 3. Berlin 1973. S. 703–719.
Jones, A. H. M.: Augustus. London 1970.
Kienast, D.: Augustus. Prinzeps und Monarch. Darmstadt ⁴2009.
Lambrecht, U.: Herrscherbild und Principatsidee in Suetons Kaiserbiographien. Untersuchungen zur Caesar- und Augustus-Vita. Bonn 1984.
Lana, I.: Le vite dei Cesari di Suetonio. Turin 1972.
Leo, F.: Die griechisch-römische Biographie nach ihrer literarischen Form. Leipzig 1901.
Macé, A.: Essai sur Suétone. Paris 1900.
Meyer, E.: Römischer Staat und Staatsgedanke. Darmstadt 1961.
Mouchová, B.: Studie zu Kaiserbiographien Suetons. Prag 1968.
Muller, P. / Gross, K.: Augustus. In: Reallexikon für Antike und Christentum. Bd. 1. Stuttgart 1950. Sp. 993–1004.
Opelt, I.: Augustustheologie und Augustustypologie. In: Jahrbuch Antike und Christentum 4 (1961) S. 44–57.
Schlange-Schöningen, H.: Augustus. Darmstadt 2005.
Schmitthenner, W. (Hrsg.): Augustus. Darmstadt 1969.
– Oktavian und das Testament Cäsars. Eine Untersuchung zu den politischen Anfängen des Augustus. München ²1973.
Steidle, W.: Sueton und die antike Biographie. München ²1963.
Syme, R.: Biographers of the Caesars. In: Museum Helveticum 37 (1980) S. 104–128.
Wallace-Hadrill, A.: Suetonius. The Scholar and His Caesars. London 1983.

Zeittafel

146 v. Chr.	Rom zerstört Karthago und Korinth.
133	Tiberius Gracchus Volkstribun.
123	Gaius Gracchus Volkstribun.
100	Gaius Iulius Caesar geboren.
82	Sulla nimmt Rom ein; Proskriptionen.
82–79	Sulla Diktator.
63	23. September: Gaius Octavius (= Augustus) geboren. Marcus Tullius Cicero Konsul.
60	Erster Triumvirat: Caesar, Pompeius und Crassus.
58–51	Caesar erobert Gallien.
49	Bürgerkrieg.
48	9. August: Caesar schlägt Pompeius und die Republikaner bei Pharsalos.
45	Caesar besiegt bei Munda die Söhne des Pompeius und wird Diktator auf Lebenszeit.
44	15. März: Ermordung Caesars. Octavian, Neffe und Adoptivsohn von C. Iulius Caesar, setzt seine Ansprüche auf das Erbe gegen Marcus Antonius durch.
43	Gaius Iulius Caesar Octavianus Senator im Konsulrang mit proprätorischem Imperium. Octavian besiegt Marcus Antonius bei Mutina. 19. August: Octavian Konsul. Zweiter Triumvirat: Octavian, Antonius und Lepidus. Proskriptionen. Unter den Ermordeten ist auch Marcus Tullius Cicero (7. Dezember).
42	Schlacht bei Philippi: Niederlage des Cassius und Brutus, die Selbstmord begehen, gegen Antonius und Octavian.
40	Friedensvertrag zwischen den Triumvirn in Brundisium. Octavian bekommt den Westen, Antonius den Osten, Lepidus Afrika.
36	Octavians Feldherr Marcus Vipsanius Agrippa beseitigt die Seemacht des Sextus Pompeius durch die Siege von Mylae und Naulochos (Sizilien). Lepidus verliert Afrika an Octavian.
35–33	Feldzüge Octavians in Pannonien und Illyrien.
32	Römische Kriegserklärung an Kleopatra.

31	2. September: Seesieg Octavians bei Aktium; Flucht der Kleopatra und des Antonius: sie tötet sich, er wird ermordet.
	Ägypten römische Provinz.
	Ende der Bürgerkriege.
29	13. bis 15. August: Dreifacher Triumph Octavians in Rom.
27	Octavian erhält den Ehrennamen Augustus.
	Beginn des Prinzipats.
27–25	Augustus in Gallien und Spanien.
	Unterwerfung der Kantabrer und Asturer.
23	Augustus tritt als Konsul zurück (das Konsulat hatte er seit 31 v. Chr. ohne Unterbrechung inne).
	Er erhält die *tribunicia potestas*, die Amtsvollmachten des Volkstribunen auf Lebenszeit.
22–19	Augustus in Sizilien, Griechenland und Kleinasien.
20	Ordnung der Verhältnisse des römischen Vorderasien: Friedensvertrag mit den Parthern. Rückgabe der bei Carrhae eroberten römischen Feldzeichen durch die Parther.
18	Sitten- und Ehegesetzgebung.
16–15	Eroberung des Alpenraumes bis zur oberen Donau.
12–9	Eroberung Pannoniens bis zur Donau durch Tiberius.
	Feldzüge des Drusus in Germanien bis zur Elbe.
12	Augustus Pontifex Maximus.
	Tod Agrippas.
2	Augustus »Vater des Vaterlandes«, *pater patriae*.
4 n. Chr.	Tiberius, als Nachfolger von Augustus adoptiert, vollendet die Unterwerfung Germaniens bis zur Elbe.
6–9	Niederwerfung der Dalmater und Pannonier durch Tiberius.
9	Varus verliert die Schlacht im Teutoburger Wald gegen den Cheruskerfürsten Arminius.
13	Augustus hinterlegt sein Testament und den Tatenbericht *Res gestae* im Vestatempel.
14	19. August: Tod des Augustus in Nola.
	17. September: Beschluß göttlicher Ehren.
14–37	Tiberius Caesar Augustus (röm. Kaiser).

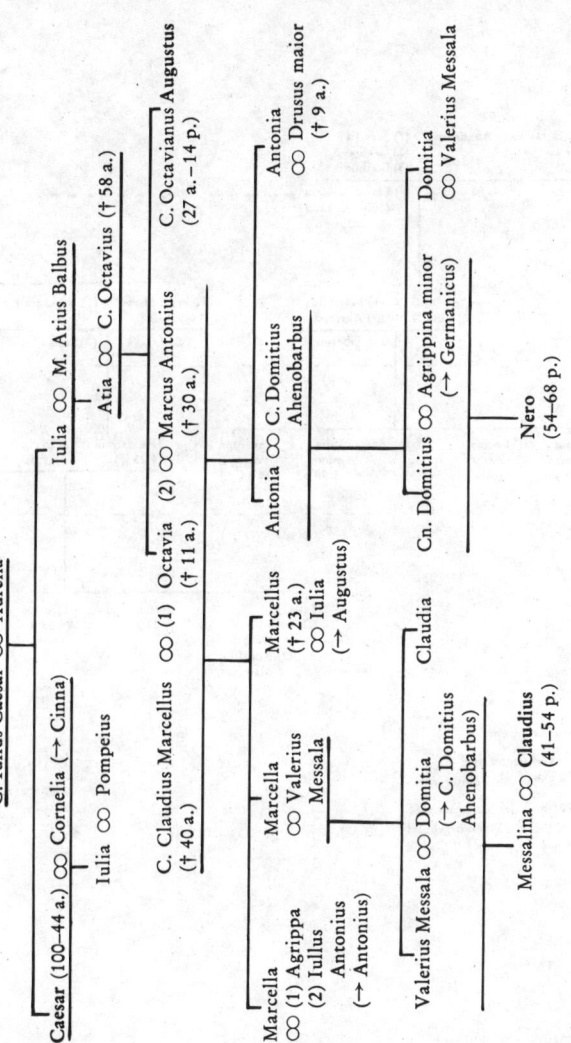

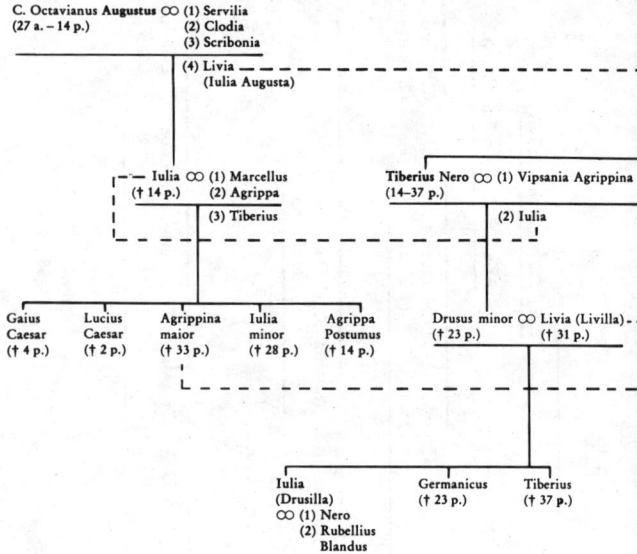

C. Octavianus **Augustus** ∞ (1) Servilia
(27 a. – 14 p.) (2) Clodia
  (3) Scribonia
  (4) Livia
  (Iulia Augusta)

Iulia ∞ (1) Marcellus
(† 14 p.) (2) Agrippa
  (3) Tiberius

Tiberius Nero ∞ (1) Vipsania Agrippina
(14–37 p.) (2) Iulia

Gaius Caesar († 4 p.)

Lucius Caesar († 2 p.)

Agrippina maior († 33 p.)

Iulia minor († 28 p.)

Agrippa Postumus († 14 p.)

Drusus minor ∞ Livia (Livilla)
(† 23 p.) († 31 p.)

Iulia (Drusilla) ∞ (1) Nero
  (2) Rubellius Blandus

Germanicus († 23 p.)

Tiberius († 37 p.)

Zeichenerklärung:

∞ = verheiratet mit

→ = Sohn oder Tochter von

Die Namen der Herrscher sind durch Fettdruck hervorgehoben

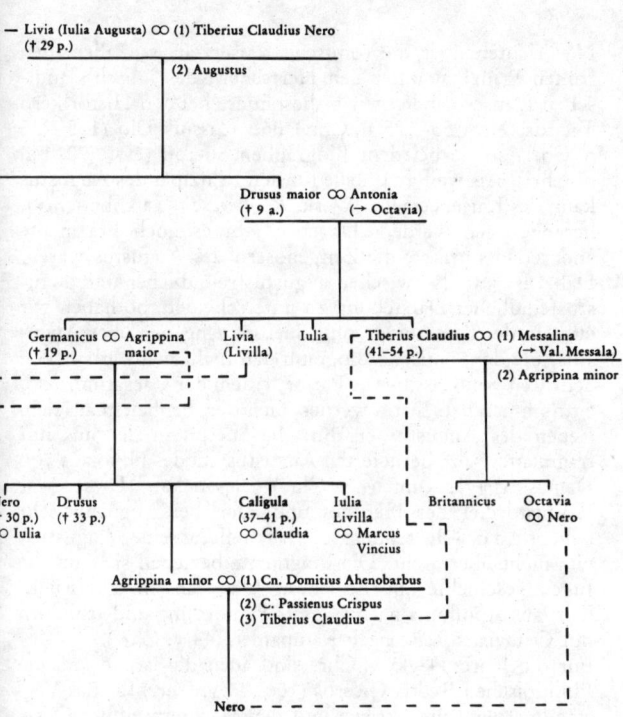

Livia (Iulia Augusta) ∞ (1) Tiberius Claudius Nero
(† 29 p.)
(2) Augustus

Drusus maior ∞ Antonia
(† 9 a.)   (→ Octavia)

Germanicus ∞ Agrippina   Livia   Iulia   Tiberius Claudius ∞ (1) Messalina
(† 19 p.)   maior   (Livilla)   (41–54 p.)   (→ Val. Messala)
                                                                              (2) Agrippina minor

ero   Drusus   Caligula   Iulia   Britannicus   Octavia
30 p.)   († 33 p.)   (37–41 p.)   Livilla   ∞ Nero
○ Iulia   ∞ Claudia   ∞ Marcus
                                                                      Vincius

                    Agrippina minor ∞ (1) Cn. Domitius Ahenobarbus
                                       (2) C. Passienus Crispus
                                       (3) Tiberius Claudius

                    Nero
                    (54–68 p.)

Nachwort

Nachrichten über die römische Kaiserzeit, vor allem den frühen Prinzipat unter den Herrschern des julisch-claudischen Hauses, finden wir insbesondere bei den Historikern Tacitus (etwa 55–125 n. Chr.) und Cassius Dio (155–235 n. Chr.) sowie bei dem Biographen Sueton (etwa 70–140 n. Chr.). Als weitere Quelle für den Prinzipat des Augustus kann des Kaisers eigenes Werk, *Res gestae* (»Tatenbericht«), herangezogen werden. Daneben gibt es noch Fragmente anderer Historiker, die Zeitgenossen des Augustus waren. Dabei ist jeweils zwischen augustusfreundlicher und augustusfeindlicher Darstellung zu unterscheiden. So haben wir etwa in der Kaiserbiographie Suetons Angaben über Augustus, die der römische Biograph den nicht mehr erhaltenen Schriften von Cassius aus Parma, einem der Caesarmörder[1], entnommen hat. Darin werden auch Begebenheiten aus dem Leben des Augustus erzählt, die Sueton in der uns nur fragmentarisch überlieferten Augustusvita des Nikolaos von Damaskus (geb. um 64 v. Chr.) gelesen hat.[2] Dieser war Hofhistoriker des Herodes und auch bei Augustus sehr beliebt, so daß die tendenziöse Darstellung seiner Augustusvita nicht überrascht. Die Fragmente beziehen sich auf die Jugendgeschichte und Erziehung Octavians bis zur Rückkehr aus Apollonia nach Caesars Ermordung und schließen mit Octavians Reise nach Kampanien (44 v. Chr.).

Für die Jahre 44–43 v. Chr. sind auch die Briefe und die Philippischen Reden Ciceros (106–43 v. Chr.) für das Verständnis der Bürgerkriege und der Machtergreifung Octavians von Bedeutung. Als Quelle können zudem die Werke der augusteischen Dichter herangezogen werden, insbesondere von Vergil (70–19 v. Chr.) und Horaz (65–8 v. Chr.). Die Dichter der augusteischen Zeit waren vom Glauben an

1 Vgl. Anm. 22 zum Text.
2 Vgl. W. Steidle, *Sueton und die antike Biographie*, München 1951, S. 133 f.

die Sendung des Augustus erfüllt und erkannten in ihm nicht nur den Retter des Staates, sondern auch die Verkörperung der in ihrer Zeit vorrangigen Ideen. Allerdings wäre es verfehlt, Vergil und Horaz als reine Propagandisten der Augusteischen Ideen anzusehen. So hat Vergil sein historisch-mythologisches Epos »Aeneis« und nicht etwa »Augusteis« genannt, wiewohl er in einigen Vorausblicken in seinem Werk auf die Bedeutung des Augustus für das römische Gemeinwesen hingewiesen hat. Horaz hat sogar ein von Augustus angebotenes Hofamt abgelehnt, ohne dadurch Nachteile hinzunehmen.

Als weitere Quellen für die augusteische Zeit sind neben den Lebensbeschreibungen des Plutarch (um 46–120 n. Chr.) vor allem die des Antonius, die Epitome des Historikers Livius und die *Historiae Romanae* (»Römische Geschichte«) des Gaius Velleius Paterculus (erste Hälfte des 1. Jh.s n. Chr.), verfaßt um 29/30 n. Chr., zu nennen. Der Geograph Strabon aus Amaseia (64/63 v. Chr. – 19 oder 23/24 n. Chr.) beschreibt in seinen Geographiebüchern das Imperium unter Augustus.

Ereignisse aus der Zeit und dem Leben des Augustus sind auch in dem Werk des Geschichtsschreibers Appian (geb. um 100 n. Chr.) dargestellt. Appian führt zwar zahlreiche Details an und gilt heute als glaubwürdig,[3] seine Informationen über die augusteische Zeit reichen aber nur bis kurz vor der Schlacht bei Aktium.

Vergleicht man die genannten uns zur Verfügung stehenden Quellen, so dürften die Werke des Tacitus (vor allem das erste Buch seiner *Annales*), die *Römische Geschichte* des Cassius Dio, die *Augustus*vita des Sueton und die *Res gestae* des Augustus von besonderer Bedeutung sein. Sueton, Tacitus und Cassius Dio greifen auf die Zeugnisse der senatorisch-republikanischen Tradition zurück. Als Ideal sehen sie die *libera res publica*, das freie Gemeinwesen an, eine Staats-

3 Vgl. Appian, *Bellorum civilium liber I*, krit. Ausg., Einf., Komm., Übers., Indices von E. Gabba, Florenz 1958.

form, die sich spätestens seit dem Prinzipat des Augustus als das Wunschbild, vor allem vieler Senatoren, herausstellte. Es blieb lange Zeit noch ein immer wieder erörtertes Problem, inwieweit sich die Idee des Prinzipats mit der der Freiheit verbinden ließe.[4] Bei Cassius Dio wird die Vorstellung von dem gleichberechtigten Nebeneinander von Herrscher und Senat deutlich. Tacitus äußert sich mehrmals über die Beseitigung der Freiheit, die es nach seiner Darstellung bereits unter Augustus nicht mehr gab.[5]

Wenden wir uns nun dem Werk des Gaius Suetonius Tranquillus zu, dessen Jugendjahre in die verhältnismäßig glückliche Zeit der Flavierkaiser Vespasian und Titus fallen. Sueton, unter Kaiser Hadrian Kanzleichef (*ab epistulis*), wählte zur Darstellung der Geschichte die Biographie. Hierbei trat der jeweilige Herrscher als alleiniger Träger der Handlung auf; für diese Art der Darstellung entschied sich Sueton offenbar aus der Erkenntnis heraus, daß für alle Bewohner des römischen Reichs die richtige Wahl des Herrschers von größter Relevanz war.[6] Die Biographie war ein relativ junges

4 Vgl. D. Kienast, *Augustus. Princeps und Monarch*, Darmstadt 1982, S. 421 f.
5 Ann. I,3: »iuniores post Actiacam victoriam, etiam senes plerique inter bella civium nati: quotus quisque reliquus, qui rem publicam vidisset?« – »Die Jungen waren nach dem Sieg bei Aktium und sogar die meisten Alten während der Bürgerkriege geboren: Wie wenige gab es noch, die das freie Gemeinwesen gesehen hatten!«
Ann. I,4: »Igitur verso civitatis statu nihil usquam prisci et integri moris: omnes exuta aequalitate iussa principis aspectare, nulla in praesens formidine.« – »So hatte sich die Staatsform gewandelt und nirgendwo fanden sich dabei die alten unverdorbenen Sitten wieder: Nach Beseitigung der Gleichheit schauten alle auf die Befehle des Prinzeps, wobei für den Augenblick kein Anlaß zur Furcht bestand.«
6 Eine rühmliche Ausnahme jener Herrscher, denen sogar die Freiheit der Bürger am Herzen lag, ist der stoisch gesinnte Marc Aurel gewesen. In seinen *Wegen zu sich selbst*, τὰ εἰς ἑαυτόν, I,14, schreibt er: »Παρὰ τοῦ ἀδελφοῦ μου Σεουήρου τὸ φιλοικεῖον καὶ φιλαληθὲς καὶ φιλοδίκαιον· καὶ τὸ δι' αὐτὸν γνῶναι Θρασέαν, Ἑλβίδιον, Κάτωνα, Δίωνα, Βροῦτον καὶ φαντασίαν λαβεῖν πολιτείας ἰσονόμου, κατ' ἰσότητα καὶ ἰσηγορίαν διοικουμένης καὶ βασιλείας τιμώσης πάντων μάλιστα τὴν ἐλευθερίαν τῶν ἀρχομένων«« – »Von Severus meinem Bruder: Liebe zur Familie, zur Wahrheit und zur

Genre unter den verschiedenen literarischen Gattungen, welche die Griechen und Römer kannten. Diese Form von Literatur geht auf das vierte vorchristliche Jahrhundert zurück, in dem Xenophon die *Erinnerungen an Sokrates*[7] verfaßte und Isokrates den *Euagoras* schrieb. Sueton orientiert sich an der peripatetisch-alexandrinischen Biographie, die wegen der besseren Übersicht jeweils einzelne Rubriken[8] wählt und somit zur Darstellung herausragender Persönlichkeiten aus einem bestimmten Bereich des öffentlichen Lebens, etwa Dichter, Staatsmänner oder auch Feldherrn, geeignet ist. In der römischen Literatur finden wir zum Beispiel bei Varro oder Nepos solche Sammlungen »Berühmte Männer« (*De viris illustribus*). Eine derartige Biographie folgte einem bestimmten Schema. Den römischen Leser interessierten vor allem der *cursus honorum*, also die Ämterlaufbahn des jeweiligen Kaisers sowie Einzelheiten aus seinem Leben. So ergibt sich eine bestimmte Reihenfolge der Rubriken, die in der Augustusvita von Sueton besonders klar herausgestellt werden: Herkunft, Familie, Geburt, Kindheit, Jugend, öffentliches und privates Leben, religiöses Verhalten, Vorzeichen, Lebensende.[9] Allerdings ist zu beachten, daß sich Sueton nicht immer starr an dieses Schema gehalten hat. Es liegt keinesfalls ein bloßes Aneinanderreihen von Einzelheiten vor. F. Leo[10] stellt Sueton kein gutes Zeugnis aus, da dieser das für Dichter und Schriftsteller durchaus geeignete Schema planlos auf die

Gerechtigkeit; und daß ich durch ihn Thraseas, Helvidius, Cato, Dion und Brutus kennenlernte und die Vorstellung eines Staates mit bürgerlicher Freiheit bekam, der auf der Grundlage von Gleichheit und allgemeiner Redefreiheit gelenkt wird, und einer Monarchie, die insbesondere die Freiheit aller Bürger hoch in Ehre hält.«
7 Zur Tradition der Biographie bei den Griechen und deren Einfluß auf Sueton vgl. E. Cizek, *Structures et idéologies dans »Les Vies des douze Césars« de Suétone*, Paris/Bukarest 1977, S. 25 ff.
8 Suet. Aug. 9.
9 Suet. Aug. 61.
10 F. Leo, *Die griechisch-römische Biographie nach ihrer litterarischen Form*, Leipzig 1901.

Kaiser übertragen habe. So urteilte G. Funaioli[11], Sueton sei gar kein richtiger Schriftsteller. Diese Ansicht, von vielen Gelehrten lange geteilt, wurde von W. Steidle widerlegt. Während Steidle seine Thesen an den Viten Caesars, Caligula, Nero, Domitian, Claudius, Vespasian, Galba, Vitellius, Titus, Germanicus[12] unter Beweis zu stellen versucht, hat es R. Hanslik unternommen, die Augustusvita näher zu untersuchen und dabei ihre strenge Durchgestaltung und wohldurchdachte Struktur aufzuzeigen.[13] Hanslik hat den Nachweis erbracht, daß Sueton eine genaue Vorstellung von der Persönlichkeit des Augustus gehabt hat und es ihm gelungen ist, ein einheitliches Ganzes zu schaffen. »Ein großer Bogen spannt sich um die Biographie, der Gedanke vom Erben Caesars, der den Weg des ›Vaters‹ gehen wollte, diesen aber als nicht gangbar erkannte und so zum ›Augustus‹ wurde, der sich durch seine Verdienste um den Staat den Weg in den Himmel bahnte. Gewiß: Sueton ist kein schriftstellerisches Genie wie Tacitus gewesen. Ihm jedoch alle schriftstellerischen Qualitäten abzuerkennen ist auch auf Grund der Augustusvita völlig verfehlt.«[14]

Die von W. Steidle in Gang gebrachte und von R. Hanslik weiter ausgearbeitete Wende in der Beurteilung des Sueton wird zwar von der neueren Forschung nicht in allen Punkten nachvollzogen (Dihle, Paratore, Flach), doch wird die Tendenz deutlich, Sueton innerhalb seiner Literaturgattung wohlwollender zu beurteilen, als dies in früherer Zeit geschah (Gugel). Neuere Arbeiten zeigen die Notwendigkeit und Berechtigung weiterer Analysen des suetonschen Œuvres.[15]

11 G. Funaioli, *Raccolta di scritti in onore di F. Ramorino*, Mailand 1927, S. 25.
12 Steidle, S. 13 ff. und S. 68 ff.
13 R. Hanslik, »Die Augustusvita Suetons«, in: *Wiener Studien* 47 (1954), S. 99–144.
14 Ebd., S. 144.
15 Vgl. dazu etwa B. Mouchová, *Studie zu Kaiserbiographien Suetons*, Prag 1968.

Zuletzt hat J. Gascou eine breitangelegte Analyse der Kaiserviten Suetons vorgenommen, wobei es ihm insbesondere darauf ankam, dem römischen Biographen als Historiker Gerechtigkeit widerfahren zu lassen. Dabei stellt Gascou nicht nur alle bereits bekannten tatsächlich zu konstatierenden Schwächen Suetons zusammen, sondern vor allem seine Stärken.[16]

So hat sich Sueton[17] zahlreicher ihm zur Verfügung stehender Quellen bedient. Der römische Biograph liefert in der Regel präzise Angaben, sowohl was die Datierung wichtiger Ereignisse als auch Amtsbezeichnungen anbelangt. Sueton zitiert wörtlich Passagen aus anderen Werken, wie Testamenten oder Briefen. Auf diese Arbeitsweise ist auch die Vielzahl von Zitaten aus dem Werk und Leben des Augustus zurückzuführen. Hervorzuheben ist ebenfalls Suetons Fähigkeit zu einer exakten und zugleich anschaulichen Beschreibung, wie etwa in Kapitel 7; darin teilt Sueton mit, er habe Kaiser Hadrian eine Bronzestatuette geschenkt, die Augustus als Knaben darstellt, auf der eine alte Inschrift aus eisernen, kaum noch leserlichen Buchstaben mit diesem Namen (nämlich ›Augustus‹) angebracht sei. Suetons Interesse galt vielen Bereichen, so daß wir durch ihn über viele Details informiert sind, über die andere Historiker mit erheblich geringerer Exaktheit berichten.

J. Gascou hat allerdings – wie bereits gesagt – auch die Schwächen Suetons zusammengestellt. So tendiert der Kanzleichef Hadrians in einigen Fällen zu einer großen Verallgemeinerung oder Übertreibung[18], stellt Gerüchte als

---

16 Zur Analyse von J. Gascou vgl. D. Flach [Rez.], »J. Gascou: *Suétone historien*, Paris/Rom 1984«, in: *Gnomon* 1986, H. 4, S. 321 ff.

17 Folgende Angaben sind dem Buch von J. Gascou bzw. der Rezension von D. Flach zu diesem Buch entnommen.

18 D. Flach, S. 323: »Sueton übertreibt in doppelter Hinsicht, wenn er sagt, nicht wenige Provinzen hätten Augustus außer Tempeln und Altären ›beinahe Stadt für Stadt‹ *ludi quinquennales* gestiftet, und die Tempel, die sie ihm zu Ehren errichteten, durchweg als freiwillige Bekundungen der Verehrung und Zuneigung einstuft.«

Tatsachen dar, führt zusammenhängende Ereignisse an ge-
trennten Passagen an, so daß der historische Bezugsrahmen
verlorengeht. Beispielsweise berichtet Sueton über den Streit
zwischen Augustus und Fulvia, der Mutter seiner Gattin
Claudia, in Kapitel 62, also in der Rubrik ›Ehe‹, obgleich
dieser Vorgang inhaltlich und zeitlich der Vorgeschichte
zum Krieg von Perusia zuzuordnen ist. In der Darstellung
Suetons verlieren manche für die Geschichte außerordent-
lich bedeutende Ereignisse erheblich an Gewicht, so daß die
historische Perspektive verzerrt oder gar ganz ausgeklam-
mert wird.[19]

Die Untersuchungen der letzten Jahre haben zahlreiche
Details näher beleuchtet und somit auch genaueren Einblick
in die Arbeitsweise Suetons gewährt. Zum rechten Verständnis des Kaiserviten gelangt man jedoch nur, wenn man
diese Schrift als Ganzes im Auge behält und die jeweiligen
Details und ihre Anordnung aus der Perspektive der Ge-
samtidee betrachtet. Zum rechten Verständnis des suetonschen Œuvre ist die genaue Kenntnis der zwölf Viten Voraussetzung; so hat zum Beispiel R. Hanslik die enge Ver-
zahnung der Augustusvita mit der Caesarvita herausgear-
beitet. Augustus' Vorstellung von der Staatsidee und ihrer
Umsetzung in die Wirklichkeit wird nur auf der Folie von
Caesars Handeln und Denken, dargestellt in der ersten Vita,
verständlich. Damit tritt Suetons Bestreben zutage, neben
direkten Charakterisierungsmerkmalen, die der römische
Leser einfach erwartete, auch und vor allem die indirekte
Beurteilung der Kaiser einzusetzen – etwa durch Vergleich
zweier Herrscher –, um zu einer an den tatsächlichen Gege-
benheiten orientierten Darstellung zu gelangen.

Wenden wir uns nun der Augustusvita zu, so sehen wir
bereits zu Anfang, wie streng diese Vita im Vergleich zu den
anderen gegliedert ist. Die Einleitung kann bis einschließlich
Kapitel 8 angesetzt werden. In den ersten vier Kapiteln

19 Beispiele dazu vgl. Gascou, S. 417 f., 419 f., 426 f. und 433 f.

berichtet uns Sueton über die *gens*, die Abstammung und Familie des Augustus. Dabei fällt sogleich die Neigung Suetons auf, auch Angaben aus gegen Augustus gerichtete Schriften zu verwenden. In den folgenden Kapiteln (5 bis 8,2) erfahren wir die Hauptereignisse von seiner Geburt bis zum Antritt der Erbschaft nach dem Tod Caesars. Nach einer Überleitung (8,3) weist Sueton in Kapitel 9,1 auf sein bisheriges und nun folgendes Programm hin: »Proposita vitae eius velut summa parte⟨s⟩ singillatim neque per tempora sed per species exequar, quo distinctius demonstrari cognoscique possint.« – »Nachdem ich gewissermaßen einen allgemeinen Überblick über sein Leben gegeben habe, will ich nun die Abschnitte im einzelnen darstellen, jedoch nicht nach zeitlichen, sondern nach thematischen Gesichtspunkten, damit Darlegung und Verständnis um so deutlicher werden können.« Daraus erhellt, daß Sueton in den ersten acht Kapiteln weitgehend nach chronologischen Gesichtspunkten gearbeitet hat, dieses ›historische‹ Vorgehen aber in den folgenden Kapiteln nicht beibehalten, sondern nach sachlich geordneten Rubriken fortfahren will. Der erste Hauptteil ist von Kapitel 9 bis 60 anzusetzen, dem zahlreiche Abschnitte untergeordnet sind: 9–18 Bürgerkriege, 19 Verschwörungen, 20–23 auswärtige Kriege, 24–25 Verhalten des Augustus auf dem Kriegsschauplatz, 26–28 Ämter und Ehrenämter, 29–34 Augustus als Bauherr und Verwalter, 35–42 Augustus und soziale Kategorien, 43–45 Schauspiele, 46–49 Augustus und der Rest des Imperiums, 50 das Äußere von Augustus, 51–56 *clementia* (»Milde«) und *civilitas* (»Leutseligkeit«) von Augustus, 57–60 Liebe des Volkes zu Augustus. Hiermit endet die Darstellung des Augustus als Staatsmann und Feldherr (*vita publica*), der nun in einem zweiten Hauptteil (61 ff.) nähere Angaben zum privaten Leben des Prinzeps folgen (*vita privata*).[20] Diese Nahtstelle zwischen den zwei Hauptabschnitten hat

20 Zur Einteilung des ersten Hauptteils vgl. Hanslik, S. 108 ff., und Cizek, S. 78 ff.

Sueton selbst durch eine kurze Bemerkung hervorgehoben, Kapitel 61: »Quoniam qualis in imperis ac magistratibus regendaque per terrarum orbem pace belloque re p. fuerit, exposui, referam nunc interiorem ac familiarem eius vitam quibusque moribus atque fortuna domi et inter suos egerit a iuventa usque ad supremum vitae diem.« – »Weil ich bisher dargelegt habe, wie sich Augustus in Macht- und Amtsstellen sowie als Herrscher über ein Weltreich in Krieg und Frieden verhalten hat, will ich nun von seinem Privat- und Familienleben berichten und mitteilen, nach welchen Gewohnheiten und unter welchen Verhältnissen er zu Hause und unter seinen Familienangehörigen von Jugend an bis zum letzten Tag sein Leben verbracht hat.«

Der zweite Hauptteil besteht aus folgenden Abschnitten: 61–65 Verhalten des Augustus gegenüber seiner Familie, 66–67 Verhalten des Augustus gegenüber seinen Freunden und Freigelassenen, 68–71 Augustus' Ausschweifungen, 72–78 Augustus' tugendhafte Lebensführung, 79–83 Gesundheitszustand und sonstige Lebensgewohnheiten, 84 bis 89 literarische Neigungen, 90–93 Augustus und die Religion, 94–96 Vorausdeutungen auf Augustus, 97–98 Vorabend des Todes, 99–101 Tod des Augustus und dessen Folgen.

Ein Charakteristikum der von Sueton gewählten Art der Biographie ist die Einteilung in Tugenden und Laster, *virtutes* und *vitia*.[21] E. Haenisch[22] hat bei seiner Gliederung der Augustusvita die Kapitel 51–60 mit der Kategorie »Die guten Charakterseiten des Herrschers Augustus« versehen. Dadurch entsteht aber der Eindruck, als ob Sueton lediglich in diesem Abschnitt positive Charaktereigenschaften des Prinzeps angesprochen hätte. Tatsächlich jedoch verwendete Sueton die im ersten Hauptteil angeführten Fakten zu einer Skizzierung der moralischen und charakterlichen Persön-

---

21 Cizek hat in seinem Buch bei den einzelnen Kaisern jeweils die Tugenden und Laster gekennzeichnet, vgl. etwa die Vita des Augustus S. 77 ff.
22 E. Haenisch, *Die Caesarbiographie Suetons*, Münster 1937, S. 67.

lichkeit des Augustus.[23] Zu beachten bleibt aber die Tatsache, daß Sueton in der Augustusvita durchaus negative Eigenschaften erwähnt. Obwohl Sueton im Sinne eines üblichen Enkomions auch die Zeit der Machtübernahme Octavians hätte loben können, hat er sich bei der Darstellung von Caesars Tod bis zur Schlacht bei Aktium an augustusfeindlichen Quellen orientiert und insgesamt ein düsteres Bild des Herrschers gezeichnet.[24] Damit wird er aber den wirklichen Verhältnissen und Tatsachen gerecht. Schließlich gelangte Augustus erst nach einem langen Bürgerkrieg, in dem es viele Opfer zu beklagen gab, an die Macht.[25] So berichtet Sueton in Kap. 13,1 f. von Octavians Verhalten im Krieg von Philippi: »nec successum victoriae moderatus est, sed capite Bruti Romam misso, ut statuae Caesaris subiceretur, in splendidissimum quemque captivum non sine verborum contumelia saeviit.« – »Den Erfolg des Sieges nutzte er aber nicht maßvoll aus, sondern wütete, nachdem er das Haupt des Brutus nach Rom geschickt hatte, damit es dem Standbild Caesars zu Füßen gelegt werde, gerade gegen die bedeutendsten Kriegsgefangenen nicht ohne beleidigende Worte.« Eine ähnlich brutale, ja sogar menschenverachtende Haltung Octavians kennzeichnet der Hinweis Suetons, der Adoptivsohn Caesars habe nach der Einnahme von Perusia zahlreiche Todesurteile ausgesprochen und den um Gnade Flehenden geantwortet, man müsse sterben, *moriendum esse*.[26]

In einem weiteren Fall, der hier noch angeführt werden soll, wird Octavians brutales Vorgehen zur Erreichung seiner Machtposition deutlich. Bei der Durchführung der Proskriptionen, gegen die sich Octavian nach Suetons Worten

23 Vgl. Hanslik, S. 108.
24 Ebd., S. 110.
25 Kienast, S. 421 f.: »Denn Augustus verdankte seine Stellung einem sehr langen und blutigen Bürgerkrieg, einem der längsten und blutigsten, den die römische Geschichte je erlebt hat. [. . .] Bei dem jungen Octavian fehlt es gewiß nicht an Handlungen, die man nur als krassen Machtmißbrauch bezeichnen kann.«
26 Suet. Aug. 15.

zunächst wehrte, war er, nachdem sie einmal begonnen
hatten, noch schärfer als die beiden anderen Triumvirn.[27] In
Kapitel 27,3 ff. führt Sueton einige Beispiele dafür an, daß
Octavian als Triumvir für den Tod von römischen Rittern
und Senatoren verantwortlich war, weil sie sich angeblich als
Spion betätigt oder dem Triumvirn nach dem Leben getrach-
tet hätten.

Sueton hat in seiner Augustusvita diese negativen Eigenschaften seines Helden mit Bedacht erwähnt, da nur auf
diese Weise anschaulich wird, daß sich der Prinzeps in der
Nachfolge seines Vaters Caesar sah. Bei der Machtübernahme zeigen sich auffallende Parallelen in den beiden Viten
der Iulii. Aber bereits ab Kapitel 16 verändert sich das im
Grunde zunächst negative Bild des Augustus.[28] Nach Suetons Darstellung sinnt Octavian nach dem Sieg von Aktium
weder auf Rache noch verhöhnt er die Besiegten, sondern
gibt vielmehr Beispiele seiner Großzügigkeit. Aus den Analysen von Hanslik geht die Wandlung hervor, die Augustus
nach Auffassung Suetons erlebt; dies gilt sowohl für seine
Qualitäten als Feldherr als auch als Mensch.[29]

In den folgenden Rubriken wird immer wieder die Abkehr
des Prinzeps von seinem ›Vorbild‹ Caesar deutlich, so daß
insgesamt gesehen Augustus in der Darstellung Suetons
durchaus als ein ›guter‹ Herrscher erscheint. Sueton hatte
in seiner Eigenschaft als Kanzleichef Hadrians den Vorteil,
auf vielfältige Quellen zurückgreifen zu können. Abgesehen
von der Lektüre der bereits genannten Autoren stand ihm
auch der Zugang zu Sammlungen von kaiserlichen Reden
und Briefen, Senatsprotokollen und sogar zu geheimen

27 Suet. Aug. 27,1.
28 Vgl. Hanslik, S. 121, über die Kapitel 9–16: »Der Erbe Caesars ist hier der
schwächliche Feldherr, der sich aber gerade deshalb über alle moralischen
Hemmungen hinwegsetzt, um eines einzigen Zieles willen, es dem ›Vater‹
gleichzutun, dem als Endzweck all seines Handelns nach Suetons Caesarvita
c. 79 die Vernichtung der Freiheit und das Erringen der Königskrone vor
Augen gestanden war.«
29 Vgl. Hanslik, S. 122.

Schriften offen, die der Öffentlichkeit sonst verborgen waren und über die auch andere Historiker nicht verfügen konnten.

Sueton wählt jeweils das für seine Idee und Konzeption passende Detail aus. Die Augustusvita ist die längste der zwölf Viten und wird allgemein als eine der besten angesehen. Beide Aspekte belegen die Sympathie, mit der der Biograph sein Thema behandelt.

Über das Leben Suetons sind wir nur unzureichend unterrichtet, zumal über ihn nie eine Biographie verfaßt worden ist. Selbst die Lebensdaten können wir nur ungefähr aus seinen eigenen Werken sowie aus einigen Briefen des jüngeren Plinius erschließen. Entsprechend den Angaben in der Nerovita, Kapitel 57, und denen der Domitianvita, Kapitel 12, dürfte Gaius Suetonius Tranquillus zwischen 70 und 75 n. Chr. geboren sein. Eine 1953 gefundene Inschrift legt die Vermutung nahe, daß Sueton in Hippo Regius (Bône) im heutigen Algerien geboren ist. Seine Familie gehörte dem Ritterstand an und lebte höchstwahrscheinlich in Rom.[30] Schon Suetons Großvater war in Hofkreisen kein Unbekannter, und sein Vater kämpfte als Militärtribun, *tribunus angusticlavus*, auf der Seite Kaiser Othos[31] in der Schlacht von Betriacum (69 n. Chr.). Als Redner und Anwalt übernahm Sueton Tätigkeiten bei Hofe, zunächst bei Traian, später bei Hadrian, in dessen Regierungszeit er das Amt des Kanzleichefs (*ab epistulis*) erreichte. Die Ausübung dieser Funktion verschaffte ihm einen bedeutenden politischen wie verwaltungstechnischen Einfluß. Sueton konnte seiner Leidenschaft als Sammler gelehrter Schriften besonders gut nachgehen, da ihm außergewöhnliche Möglichkeiten offenstanden, Nachrichten aller Art einzusehen und zu exzerpieren. Ein Ereignis von großer Tragweite für das Leben Suetons war eine Hofintrige im Jahre 121 n. Chr.; da man Sueton mit dieser Hofintrige in Verbindung brachte, fiel er

---

30 Vgl. Suet. Caligula 19.
31 Vgl. Suet. Otho 10.

bei Hadrian in Ungnade. Über seinen weiteren Lebensweg sind uns keine Informationen überliefert.

Abgesehen von den Kaiserviten hat Sueton offenbar zahlreiche Schriften verfaßt, von denen uns viele nur dem Titel nach bekannt sind. Erwähnenswert sind auf jeden Fall die Biographien von Dichtern und Rednern, Grammatikern und Geschichtsschreibern. So kennen wir noch Fragmente einer Vergil- und einer Horazvita.

Im folgenden einige knappe Angaben zum Stil Suetons: In der Zeit der Kaiser Traian und Hadrian herrschen in der Kunstprosa zwei entgegengesetzte Stilrichtungen vor: der Archaismus, der nach einer Erneuerung der Sprache strebte, und zwar durch meist übertriebene Verwendung von Ausdrücken des archaischen Latein; und der neue Asianismus, der zu einer manieristisch-schwülstigen Ausdrucksweise tendierte. Als Vermittlungsinstanz sieht sich eine klassizistisch ausgerichtete Bewegung, deren exponierter Vertreter der Redelehrer Quintilian war. Auch Sueton ist dieser Richtung zuzurechnen. Er bedient sich eines schlichten Stils, der frei von jeder bombastischen Darstellung ist. Jedoch sind Wiederholungen syntaktischer Art (*cum*-Sätze), einleitendes *et*, Gebrauch von *sed*, *autem* häufig, die ich in der Übersetzung abgebildet habe, diese wurde dadurch stellenweise weniger elegant, diente aber der Worttreue. Sueton ordnet alles seinem Rubrikenschema unter, so daß häufig die Kapitel mit dem Wort beginnen, das Thema und Gegenstand des gesamten Kapitels angibt; etwa Kapitel 1 *gentem*, 3 *C. Octavius pater*, 16 *Siculum bellum*, 19 *Tumultus*, 20 *Externa bella*, 24 *In re militari*, 26 *Magistratus atque honores*, 34 *Leges*, 43 *Spectaculorum*, 51 *Clementiae civilitatisque*, 59 *Medico*, 66 *Amicitias*, 79 *Forma*, 84 *Eloquentiam*, 92 *Auspicia*, 97 *Mors*, 101 *Testamentum*.

Da Sueton über das Leben der Kaiser berichten will, bemüht er sich auch in der Syntax, wenn nur eben möglich, die jeweiligen Kaiser zum grammatischen oder logischen Subjekt zu machen.

Zum Schluß wollen wir noch einen Blick auf Suetons Einfluß und Wirkung auf spätere Autoren werfen. Die von Sueton begründete Gattung der Kaiserbiographie diente den nachfolgenden Jahrhunderten als Vorbild kaiserlicher Lebensbeschreibung. Aus dem vierten Jahrhundert kennen wir die »Beschreiber der Kaisergeschichte«, *Scriptores Historiae Augustae*, die den Namen Sueton ausdrücklich nennen. Auch der Biograph Karls des Großen, Einhard, hat die Kaiserviten Suetons als Vorbild für sein Werk gesehen. Der Einfluß des römischen Biographen ist ebenfalls bei Petrarca festzustellen, und zwar in seinem Werk *De viris illustribus*. Doch ist dies, um mit Fontane zu sprechen, ein weites Feld.

Inhalt